롱런하는
직장인의 비결

롱런하는
직장인의 비결

초판 1쇄 인쇄일 2016년 10월15일
초판 1쇄 발행일 2016년 10월21일

지은이 김해원
펴낸이 양옥매
디자인 황순하
교   정 이은영

펴낸곳 도서출판 책과나무
출판등록 제2012-000376
주소 서울특별시 마포구 방울내로 79 이노빌딩 302호
대표전화 02.372.1537 팩스 02.372.1538
이메일 booknamu2007@naver.com
홈페이지 www.booknamu.com
ISBN 979-11-5776-269-9(03320)

이 도서의 국립중앙도서관 출판시도서목록(CIP)은 서지정보유통지원 시스템
홈페이지(http://seoji.nl.go.kr)와 국가자료공동목록시스템
(http://www.nl.go.kr/kolisnet)에서 이용하실 수 있습니다.
(CIP제어번호 : CIP2016024310)

*저작권법에 의해 보호를 받는 저작물이므로 저자와 출판사의 동의 없이 내용의 일부를
 인용하거나 발췌하는 것을 금합니다.
*파손된 책은 구입처에서 교환해 드립니다.

직장인 처세술
The rank management of long run worker

롱런하는 직장인의 비결

롱런하는 직장인은 서열관리의 명수다
서열을 무시하면 큰코다친다

―

김해원 · 김미양 지음

prologue: 낮춤의 미학(美學)

 일반적으로 사람들은 자기보다 잘나가는 사람을 싫어한다. 자기가 다른 사람보다 잘나가기를 원하기 때문이다. 그러다 보니 어떤 경우에는 잘나가는 사람을 끌어내리기 위해 근거 없는 중상모략을 일삼기도 한다. 특히 승부욕이 강한 사람은 다른 사람이 자기보다 앞서가는 꼴을 보지 못하고 사사건건 시비를 걸기도 한다.

 잘나가는 사람을 타산지석(他山之石)의 교훈으로 삼아 자기 성장과 발전의 자양분으로 삼아야 하는데, 오히려 적대시한다. 그런데 신기하게도 잘나가는 사람이 자기편이고 자기에게 이익이 된다고 생각하면 적극적으로 호응하고 자발적으로 지원한다. 그것을 보면 아마도 잘나가는 사람을 미워하고 질투하는 것은 그 사람이 자기편이 아니고 자기에게 손해를 끼치기 때문인지도 모른다.

 직장에서도 마찬가지다. 강자가 약자를 힘들게 하고 상사가 부하를 함부로 대한다. 도덕적 논리가 아니라 힘의 논리에 의해 사람을 다스리는 현상이 두드러지고 있다. 그러다 보니 많은 직장인들이 하루라도 마음 편할 날이 없다고 말한다. 상사는 상사대로, 부하는 부하대로, 임원은 임원대로, 사장은 사장대로, 비서는 비서대로 그야말로 각자가 처한 약육강식(弱肉强食)의 서열에 상응하는 불편을 감수하며 생활하고 있다.

이 책은 직장인들이 어떻게 하면 마음 편하게 직장 생활을 할 수 있는가에 초점을 두고 쓴 책이다. 이왕 하는 직장 생활이라면 마음 편하게 하는 것이 좋다. 또 행복하고 보람되게 하면 좋을 것이라는 생각을 바탕에 두고 쓴 책이다.

나도 한때는 내가 하는 업무에서 성과를 내면 그것이 정말로 보람 있는 직장 생활이고, 주어진 일을 잘하는 것이 최고인 줄만 알았다. 그래서 경주마처럼 무작정 앞만 보고 달렸고 잘나가는 직장인의 서열에 올라 많은 사람들의 시선을 한 몸에 받았다. 그런데 바닥을 치는 순간 주변 사람들이 해 주는 축하가 진실한 축하가 아니라는 것을 알았다. 마지못해 형식적으로 하는 축하, 시기와 질투가 가득한 축하라는 것을 알았다. 그래서 이제는 잘난 사람이 어떻게 행동해야 하는가를 조금은 알 것 같다. 즉, 잘나가면서도 진실한 축하를 받는 사람이 되기 위해서는 어떻게 하는 것이 좋은가를 알게 됐다.

그것은 잘나갈수록 더 낮추는 것이다. 낮추면 나아진다. 그 낮춤은 가식적인 낮춤이 아니라 진정한 낮춤이어야 한다. 그런데 어느 날부터인가 불현듯 정말로 낮추면 나아질까 라는 의구심이 들기 시작했다. 그래서 그것이 사실인지를 검증하기 위해 이 책을 쓰게 됐다.

 이 책을 쓰는 동안 낮추면 정말로 나아지는지를 알기 위해 가능한 한 낮추려고 애썼고, 이제는 낮추는 것이 습관이 됐다. 낮추면 나아진다고 해서 생활수준과 살림살이가 나아진다는 의미는 아니다. 그것은 나날이 기분이 좋아지고 마음이 편해지는 나아짐이다.

 우리가 보다 좋은 위치에 오르려고 하는 것은 궁극적으로 행복한 생활을 영위하기 위해서다. 예로부터 많은 선각자들이 행복한 삶을 영위하기 위해서는 낮은 곳에 임하라고 말한다. 그 말이 맞다. 낮은 곳에 임하는 것이 타인의 기분을 좋게 하고 나아가 자기 기분도 좋게 하여 더불어 행복해지는 길이다.

 이에 더하여, 일정한 서열에 올랐다면 그 서열을 잘 유지하고 더 높은 서열에 오르기 위해 분발해야 한다. 대부분 높은 서열에 올랐다가 일시에 바닥을 치는 경우는 서열 관리를 잘하지 못했기 때문이다. 마치 병들기 전에 건강에 신경을 써야 하듯 높은 서열에 있을 때 서열 관리를 잘해야 한다. 그러하기 위해서는 먼저 서열 싸움을 피하고 자기의 서열을 사수해야 한다. 아울러 소리 소문 없이 서열에 오를 준비를 하고 기회가 오면 자기가 원하는 서열에 올라야 한다. 왜냐하면 서열이 낮은 곳에 있으면 낮추어도 비굴해 보이고 서열이 낮은 약자로서 받는 설움으로 인해 불행해지기 때문이다.

 이 책은 27년간 직장 생활을 하면서 경험한 사례를 토대로 서열

관리에 관한 이야기를 3단계로 구성했다. 1단계는 서열에서 밀려나지 않기 위해 어떻게 해야 하는가를 주로 다뤘고, 2단계는 애써 이룬 서열을 어떻게 사수해야 하는가를 다뤘다. 그리고 마지막으로 3단계에서는 자기가 원하는 서열에 오르기 위해 어떻게 해야 하는가를 다뤘다.

결과적으로 무조건 낮추는 것이 능사는 아니다. 오히려 서열이 낮은 상태에서 낮추면 낮추지 않는 것보다 더 좋지 못한 결과를 자아낼 수 있다. 그러므로 이왕 낮추는 것이라면 가능한 한 높은 서열에 올라 타인의 기분을 좋게 하여 자기에게 호감을 갖도록 낮춰야 한다.

모쪼록, 이 책을 통해 서열 관리를 어떻게 해야 하며, 그 서열을 지속·유지하기 위해서는 어떠한 낮춤의 미학(美學)이 가미되어야 하는가를 함께 고민하는 기회의 장이 되었으면 한다.

기업교육전문가 김해원 작가
(해원기업교육연구소 대표)

| 목 차 |

프롤로그: 낮춤의 미학(美學) ——————————————— 04

Chapter 1 　서열 싸움을 피하라

1. 서열 싸움에 끼지 마라 ————————————————— 12
2. 꼬리를 내려라 ————————————————————— 17
3. 초심을 돌아보고 조심하라 ———————————————— 22
4. 무소의 뿔처럼 혼자 가라 ————————————————— 27
5. 형제간 서열 무시는 가정 파괴 행위다 ———————————— 33
6. 서열을 몰라봤다면 즉시 사과하라 ————————————— 36
7. 늑대의 소굴에서 벗어나라 ———————————————— 43
8. 분위기에서 벗어나라 —————————————————— 48
9. 갑질을 하지 마라 ——————————————————— 55
10. 성공할수록 적이 많아진다 ———————————————— 59
11. 갈등의 80%는 서열 때문이다 ——————————————— 63
12. 나서서는 안 되는 시점이 있다 —————————————— 68
13. 돈 벌면서 천대받고 돈 쓰면서 환대받는다 —————————— 75
14. 건들지 않는다는 메시지를 건네라 ————————————— 79
15. 시끄러울 때는 조용히 숨어 지내라 ————————————— 84
16. 방심하면 대패(大敗)한다 ————————————————— 91
17. 컨디션이 좋지 않으면 말수를 줄여라 ———————————— 97

Chapter 2 서열 사수에 힘써라

1. 지식과 자본이 없으면 서열도 없다 — 104
2. 못 견디게 힘들어도 참고 견뎌라 — 110
3. 제복이 서열이다 — 115
4. 권력은 지식의 날개다 — 120
5. 의전에 빈틈이 생기지 않아야 한다 — 124
6. 돈과 권력이 생사를 결정한다 — 126
7. 너무 믿지 마라 — 131
8. 서열에 맞는 품격을 지녀라 — 136
9. 윗선과 고압선은 건드리지 마라 — 141
10. 쓰임을 다하면 힘을 다하고 잊히면 숨어라 — 146
11. 고통이 겸손을 부른다 — 153
12. 말소리를 낮춰라 — 157
13. 관계는 서열 유지의 자양분이다 — 161
14. 윗선의 욕구를 채워 주어라 — 166

Chapter 3. 서열 순위를 올려라

1. 서열이 변경된다는 사실을 잊지 마라 — 172
2. 자기보다 높은 서열의 업무를 안다 — 178
3. 조직을 먼저 생각하라 — 183
4. 자기 서열보다 더 낮은 서열로 살아라 — 188
5. 위치 변동을 항상 생각하라 — 193

6. 추락했다면 준비의 기회로 삼아라 ──────── 197
7. 용의 꼬리보다 뱀 머리가 낫다 ──────── 202
8. 남이 알아주지 않아도 끝까지 한다 ──────── 209
9. 숙이면 들어온다 ──────── 214
10. 서열이 변하면 마음도 변한다 ──────── 218
11. 상대방은 높이고 자기는 낮춰라 ──────── 222
12. 현재 서열에 집중하라 ──────── 227
13. 가족의 서열을 정리하라 ──────── 232
14. 서열 낮은 사람이 있어야 서열 높은 사람도 있다 ──────── 238
15. 서열이 낮은 자를 계속 길들여라 ──────── 243
16. 자존감을 높여라 ──────── 251
17. 서열 정하는 기준에 맞춰라 ──────── 254

에필로그: 순리대로 사는 것이 최고? ──────── 258

Chapter 1
| 서열 싸움을 피하라 |

Chapter 1

[서열 싸움을 피하라]

1. 서열 싸움에 끼지 마라

낮추면 나아지는데 많은 사람들이 낮추려고 하지 않는다. 그 이유는 자기 실력이 어느 정도인지 상대방과 자웅을 겨뤄서 알고 싶어 하는 마음도 있고 상대방 실력을 보면 자기가 충분히 이길 수 있다고 생각하기 때문이다. 무엇보다도 사람은 자기 실력을 과신하는 경우가 많다. 그러다 보니 다른 사람들과 본의 아니게 싸움을 하고 둘 중 하나는 쓰라린 패배를 당한다. 아무리 상대방보다 자기가 강해도 계속 싸워서 이길 수는 없기 때문이다.

| 자기 실력을 시험하지 말라 |

강호에는 고수들이 많다. 자신의 무술 실력이 강호에서 어느 정도

인지 알고 싶어 하는 것이 무사(武士)의 본능이다. 특히 자신이 수련하고 단련한 무공이 어느 정도인지를 알고 싶어 한다. 그래서 그것을 확인하고 싶어 싸움을 한다.

일반적으로 싸움은 서열을 명확하게 정리할 필요가 있을 때 한다. 전쟁이 발발하게 된 근본적인 원인은 강자가 약자의 것을 약탈하고 자기가 가진 힘으로 약자를 다스리기 위해서다. 가능한 한 넓은 영토를 갖고 싶어 하고 가능한 한 높은 곳에 오르려고 하는 것이 사람의 심리다. 사람의 욕심은 한이 없다. 오죽하면 권력은 자식과도 나눠 갖지 않는다고 하지 않는가? 그럴 정도로 인간은 자기가 가진 욕망을 채우려는 본능이 있다. 자기가 가진 것에 만족하고 더 이상 욕심을 부리지 말아야 하는데 앉으면 눕고 싶고 누우면 자고 싶어 하는 욕망으로 인해 계속적으로 남의 것을 탐한다. 그로 인해 서로 싸우는 것이다.

특히 조직에서는 둘 이상이 모이면 서열을 정하기 마련이다. 다수의 사람들이 함께하는 조직 사회에서 서열 없이 무분별하게 생활하다 보면 무질서하고 혼란스러워지기 때문이다.

가정의 서열은 바뀌지 않는다. 하지만 직장의 서열은 조직의 환경 변화에 따라 바뀌기 마련이다. 조직 생활을 할 때 가장 주의해야 하는 경우는 조직 변경이나 인사이동이 있을 때다. 그런 경우에는 서열의 변화가 심하다. 그때는 변화된 서열에 준하여 행동해야 한다.

특히 직장의 경우에는 생활 방식에 의해 서열을 정하는 기준이 다른 경우가 많다. 어떤 조직은 근속 위주로 서열이 정해지는가 하면 어떤 조직은 조직에서 실제로 일한 기간을 기준으로 서열로 정하는 경우도 있다. 조직 간에도 서열이 있다. 최고경영자와 밀접한 업무를 하고 있는 조직의 서열이 일반 조직보다 더 높다. 그러므로 조직 생활을 하는 경우에는 서열이 정해지는 직장의 문화 코드를 익혀서 눈치껏 행해야 한다. 이는 마치 외국어를 배울 때 그 나라의 언어보다 그 나라의 문화를 먼저 배워야 하는 것과 같다.

동물의 경우에도 무리가 결성되면 그 무리 중 가장 힘이 세고 강한 동물이 대장이 된다. 그 대장을 필두로 서열이 정해진다. 약육강식의 세상에서 강한 자가 결국은 높은 서열을 갖는다. 조직 생활은 결국 서열 생활이다. 그래서 좋은 자리를 선점(先占)하고 보다 높은 서열에 오르기 위해 돈을 모으고 배우고 익히는 것이다.

밤잠을 설쳐 가면서 자기를 단련하는 것은 현재는 서열이 낮지만 향후에는 더 높은 서열을 차지하기 위해서다. 또 부모들이 뼛골 빠지게 일해서 자식을 가르치는 이유도 자기는 서열이 낮은 계층에 살면서 핍박받으며 살았지만 자식 세대에서는 그러한 핍박을 받지 않게 하기 위해서다.

| 서열 싸움에 끼지 마라 |

나아지는 삶을 살기 위해서는 그러한 서열 싸움에 끼어들지 말아야 한다. 특히 자웅을 겨뤄서 순위를 결정하고 서열에 따라 인센티브를 부여하고 포상을 주는 경우에는 더더욱 싸우지 말아야 한다.

사람이 잘나가는 사람을 시기하고 질투하는 근본적인 이유는 잘나가는 사람으로 인하여 자기의 서열이 뒤로 밀리기 때문이다. 자신의 서열이 한 단계 아래로 내려가기에 잘나가는 사람을 자기 아래로 끌어내리려는 것이다.

그래서 한번 서열 싸움이 일어나면 계속해서 서열 싸움을 하게 된다. '눈에는 눈 이에는 이'라는 말이 있듯 복수가 복수를 낳고 원수가 원수를 낳아 계속해서 싸우는 것이다. 그러므로 나아지는 삶을 살기 위해서는 우선적으로 서열 싸움에 끼지 말아야 한다. 서열 싸움에 끼어들면 이겨도 피해를 입기 마련이다. 그러므로 아예 험한 꼴 당하기 전에 애초부터 서열 싸움에는 끼지 않는 것이 좋다.

직장에는 공식적인 서열과 비공식적인 서열이 있다. 공식적이든 비공식적이든 서열 싸움에는 가능한 한 끼지 말아야 한다. 즉 어떠한 서열 계보에도 들지 않고 열외 해야 한다는 것이다. 언제든 투입 가능한 후보 선수가 아니라 아예 출전 선수 명단에서 빠져 있어야 한다. 아니, 그라운드에서 뛰는 선수가 아니라 관중석에서 시합을 구경하는 관중이어야 한다. 그래야 마음 편하게 조직 생활을 할 수 있다.

사람들은 자기편이라고 생각하는 사람에게는 호감을 보인다. 하지만 자기편이 아니라고 생각하는 사람에게는 적개심을 보인다. 그런데 중요한 것은 자기편이라고 생각하는 사람도 자기 서열에 영향력을 미치는 사람이라고 생각하면 그 사람을 경계한다. 자기편은 자기편인데 그 사람이 은연 중 적이 된다. 그래서 직장 동료와 함께 직장 생활 하는 것을 적과의 동침에 비유한다. 어렵고 힘든 상황에서는 힘을 모으지만 어느 한 사람이 좋은 자리에 올라야 하는 경우에는 결국 서열 싸움을 해야 하기 때문이다. 그러므로 가능한 서열 싸움에 빠져 있어라. 이 말은 서열이 높은 자가 정해 준 서열에 의해서 그냥 묵묵히 자기 생활을 하라는 것이다.

성서에서는 결혼식에 초대받아 귀한 자리에 앉게 되면 나중에 자기보다 더 귀한 사람이 왔을 때 자리가 뒤로 밀려나게 되므로 아예 처음부터 맨 끝에 앉으라고 말한다. 그렇다고 정해진 서열을 아예 무시하라는 것이 아니다. 강자가 정해 준 서열을 유지하되 무리하게 서열을 뛰어넘으려고 서열 다툼에 끼어들지 말라는 것이다. 그것이 자기를 나아지게 하는 길이다.

2. 꼬리를 내려라

조직 생활을 하다 보면 다툼이 있기 마련이다. 특히 서로 이익이 첨예하게 대립되는 상황에서는 눈에 쌍심지를 켜고 싸움을 한다. 군주론과 한비자를 보면 알 수 있듯이 동서양을 막론하고 사람은 본능적으로 자기 이익을 위해 움직인다는 점을 알 수 있다. 아울러 손실에 민감하게 반응한다. 이익을 보지 못하더라도 손해만큼은 보지 않으려고 한다. 그래서 더 심하게 다투는 것이다.

또 사람들은 이왕이면 좋은 자리를 선점(先占)하려고 한다. 좋은 음식을 먼저 먹으려고 하고 먼저 승진하려고 하고 이왕이면 편한 일을 배정받으려고 한다. 또 사고에 대한 책임을 누가 지느냐를 두고 싸우기도 한다. 물론 비즈니스의 특성상 정당한 경쟁이란 충분히 있을 수 있겠지만 그 수위를 넘어서면 문제가 된다. 서로 대화하는 과정에서 목소리가 커지면 그로 인해서 감정적으로 대립하고 싸움을 한다. 그렇다. 싸움의 근본적인 이유는 서로의 이해가 상충되기 때문이다. 그러므로 싸움을 하지 않기 위해서는 자기 마음을 다스릴 줄 알아야 한다. 자기 마음이 강한 사람은 대개는 감정을 잘 다스려서 행동하는 반면, 자기 마음이 약한 사람은 감정을 잘 다스리지 못해서 문제를 일으키는 경우가 많다.

특히 앞서 말한 바와 같은 비즈니스 성격의 다툼이 아닌 사적인 이익이 첨예하게 대립하는 민감한 상황에서는 주먹다짐이 오가는 싸움을 하기도 한다. 그러한 상황에서 가장 중요한 것은 감정 관리를 잘하고 상대방 입장에서 상호 이해하고 양보하는 것이다. 즉 상호 감정적으로 대립하지 말고 합리적인 타협점을 찾아 서로 화해하고 용서하는 것이 좋다.

그보다 더 좋은 방법은 아예 처음부터 싸움을 하지 않고 그냥 꼬리를 내리는 것이다. 이류는 다툼을 통해 승리하고 사람을 잃는 반면 일류는 상대방에게 승리를 주고 사람을 얻는다. 싸움해서 이기려고 하는 것보다는 상대방과 싸움을 하지 않는 것이 좋다. 만약에 어쩔 수 없이 싸우게 되었다면 그냥 져 주는 것이 좋다.

| 뒤로 물러나 힘을 길러라 |

중국 고전의 36계(計) 중 싸워서 질 것 같으면 줄행랑을 치라는 주위상계(走爲上計) 전략이 있다. 이것은 싸움을 해서 패배가 예상된다면 부리나케 도망치라는 것이다. 도망쳐서 준비하고 힘을 보충해서 다시금 싸울 기회를 엿보라는 것이다.

앞서 싸우지 말고 꼬리를 내려야 한다는 것은 싸움을 하면 험한 꼴을 당하게 됨으로 줄행랑을 쳐야 한다는 것이 아니다. 이길 수 있는 싸움이어도 싸움 자체를 하지 말라는 것이다. 상대방이 싸움을 걸어

와도 아예 싸울 기미를 보이지 말고 무감각하게 지내야 함을 의미한다. 싸울 태세를 취하지 말고 온유한 마음을 지녀야 한다. 상대방이 보이지 않는 곳으로 꽁무니를 빼야 한다. 아예 은둔해야 한다. 상대방이 시간이 지나 그 상황을 잊어버릴 수 있도록 잠수를 타야 한다.

눈에서 멀어지면 마음에서도 멀어지게 마련이다. 싸울 소스가 있으면 아예 무시해야 하고 분란의 소스가 있다면 적정 거리를 유지해야 한다. 그래서 수수방관(袖手傍觀)해야 한다. 자기와는 하등 관계가 없는 것이라는 생각이 들도록 처신해야 한다. 또 이권 다툼 자체를 하지 말고 상대방이 이익을 얻도록 해야 한다. 상대방이 이익을 얻는 것이 자기 이익을 얻는 것보다 더 이롭다는 생각을 하는 것도 자기를 낮추는 것이다.

단순히 상대방과 싸우지 않는 것이 자기를 낮추는 것이 아니다. 상대방이 이익을 얻도록 하는 것이 궁극적으로 자기를 낮추는 것이다. 그러므로 싸움의 원인이 될 것이 있으면 그것을 빨리 제거하고 싸울 건수가 없도록 해야 한다. 아울러 싸울 건수가 생기면 꼬리를 내리고 꽁무니를 내빼야 한다. 또 미리 항복 의사를 표방해야 한다. 아울러 상대방이 원하는 것을 취할 수 있도록 해야 한다.

싸울 수 있을 때 싸우지 않고 싸울 건수가 생기기 전에 미리 싸울 수 있는 환경을 벗어나는 것이 지혜로운 처세다. 싸워서 이길 수 있는 싸움일수록 더욱더 그 자리를 피해야 한다.

| 2보 전진을 위해 1보 후퇴하라 |

특히 상사와 싸울 일이 생기면 미리 승복해야 한다. 자기 잘못을 미리 고하고 용서를 구하는 것이 싸움에서 도망치는 것이다. 성서의 오른쪽 뺨을 맞으면 왼쪽 뺨도 내밀라는 말과 같다. 상대방이 화가 나지 않도록 하되 상대방이 화가 났다면 상대가 화를 실컷 풀 수 있도록 하는 것도 자기 자신을 낮추는 것이다.

나는 연약해서 당신의 싸움 상대가 되지 않으며, 언제라도 당신편이 되어 준다는 것을 은연중에 알려야 한다. 그것도 상대방에게 자신을 낮추는 것이다.

서로 대적할 일도 없고 이해관계가 없는 사람을 시기하고 질투하는 사람은 없다. 더군다나 자기에게 꼬리를 내리고 자기가 뭐라고 하지 않아도 스스로 알아서 바닥을 기는데 그런 사람에게 시비를 걸 사람은 없다.

특히 직장에서는 동료들과 경쟁하지 않는 것이 좋다. 협조하고 호흡하고 수평선상에서 지내는 것이 가장 좋다. 빨리 승진하려고 하지 말고 선배를 추월하려고 무리수를 둘 필요도 없다. 또 주변에 정적을 만들지 말아야 한다. 직장 생활을 평화롭게 하기 위해서는 주변에 적이 없어야 한다. 아무리 많은 금자탑을 쌓아 올려도 가까운 곳에 적이 있으면 그 사람으로 인해 평생에 쌓아 온 것이 한꺼번에 무너질 수 있다. 그냥 이도 저도 아닌 색깔, 이쪽도 아니고 그렇다고 저쪽도 아닌 세력, 진보도 아니고 보수도 아니고 그렇다고 해서 중도도 아닌 어정쩡한 상태에서 지내는 것이 오래도록 살아남는 길이다. 보수가 볼 때는 보수 같고 진보가 보면 진보 같고 어떤 경우에는 중도 같은 도깨비 같은 모습을 보이는 것이 좋다.

아울러, 부화뇌동하지 않으면서 정의를 위해서는 일관성 있는 모습을 보이고 예(禮)와 도(道)와 인의(仁義)를 중요시하되 품격이 있으면서 뭔가 모르게 허술한 것이 많아 보여야 한다. 그러면서도 상대방 편이 되고 상대방과 이익이 대립하지 않는 사람, 상대방이 불리한 상황에 처하면 도와줄 수 있는 사람이 되어야 한다. 또 부르면 언제든지 달려가서 상대방 일을 도와줄 사람이라고 상대방이 느끼도록 하는 사람이 자기를 낮추는 사람이다. 그런 사람은 항상 마음이 평화로울 수밖에 없다. 상대방이 건들지 않기 때문이다.

3. 초심을 돌아보고 조심하라

높이 올라간 원숭이가 치부를 많이 드러내기 마련이다. 호사다마(好事多魔)다. 잘나갈수록 주의해야 한다. 그런데 사람들은 정상에 오르면 뭐나 된 것처럼 행동하고 영원히 그 자리를 유지할 것이라고 착각한다. 하지만 화무십일홍(花無十日紅)이라고 화려한 꽃도 십 일이면 시들게 마련이다. 또 권불십년(權不十年)이라는 말이 있듯 아무리 강한 권력도 10년이 넘지 못한다. 특히 요즘같이 수시로 권력 구조가 개편되는 시기에는 권불십년이 아니라 권불삼년도 힘들다. 자칫 정신 못 차리면 하루아침에 끈 떨어진 동아줄이 되기 십상이다.

| 명언을 마음에 새겨라 |

세상이 하도 빠르게 변하고 있다. 오늘의 진리가 내일이면 오답이 되는 경우도 있다. 그러므로 자기가 정상에 올랐다고 잘난 체 말아야 한다. '이 또한 지나가리라.'는 솔로몬 왕의 반지에 새겨진 이 문장은 고통스러운 역경에 처했을 때만 언급하는 말이 아니다. 이 말은 오히려 잘나갈 때 마음 깊이 새겨야 하는 말이다. 그런데 많은 사람들이 자기가 힘들고 어려운 상황에 처할 때만 이 또한 지나가리라는 말을 하고 잘나갈 때는 그 말 자체를 잊고 산다.

이 세상 대부분의 격언과 명언은 부귀영화를 누리는 좋은 상황에서 만들어진 말이 아니다. 그러한 말들은 힘들고 어려운 상황에서 나온 말이다. 배부른 돼지로 살기보다는 배고픈 소크라테스로 산다는 말, 그러한 명언들은 아픔과 고통 속에서 피어난 것이다. 그래서 그런지 잘나가는 상황이나 부귀영화를 누리는 상황에서는 그러한 명구들이 잘 생각나지 않는다. 아마도 열악한 환경에 처해야만 보이는 명구인가 보다. 잘나가고 높은 곳에 있으면 그 화려한 빛으로 인해 좋은 말들이 빛을 발하는 것인지도 모른다. 참으로 안타까운 일이 아닐 수 없다. 그래서 잘나가는 사람일수록 자만하고 안하무인하며 버릇없이 지내는가 보다.

성품이 좋고 예의 바른 사람도 이상하게 높은 자리에 오르면 평소에 하지 않던 짓을 하며 돌변하는 것을 자주 본다. 권력을 잡고 힘 있는 자리에 오르면 좋은 말이나 좋은 글귀는 들어오지 않고 달콤한 유혹의 소리가 잘 들리고 부패한 것들이 더 많이 보이는가 보다.
 그러기에 잘난 체를 하지 말아야 한다. 높이 오르고 힘이 생기고 권력을 갖게 되면 가르침을 주던 진리의 말들이 모두 자취를 감추고 어디론가 몸을 숨기게 된다는 것을 명심해야 한다.

 다시 말하면 높이 오를수록 정신을 바짝 차려야 한다. 최소한 곁에 좋은 말들이 많고 선인들의 삶의 지혜가 주변에 넘쳐나고 있음을 알아야 한다. 그러한 좋은 말들이 자기 귀와 눈에 들어오지 않은 순간, 자기가 타락의 길로 접어들었음을 인지해야 한다.

| 잘난 체하지 마라 |

권력을 잡았다가 단기간에 추락하는 사람들의 공통점은 방탕한 생활을 한다는 것이다. 평상시 자기가 해 오던 생활을 넘어 그 이상의 생활을 하기에, 애써 잡은 권력을 유지하지 못하고 자멸한다. 평상시 자기가 볼 수 있는 시야의 범위를 넘어서고, 들을 수 있는 량의 범위를 넘어서는 것은 보고 듣지 못하는 것이다. 그러므로 잘나갈수록, 높은 곳에 오를수록, 권력을 잡을수록, 초심을 돌아봐야 한다. 그래야 평소에 들리는 좋은 소리도 들을 수 있고 평상시에 봤던 진리를 마음에 새길 수 있다.

또 잘난 체를 하지 말아야 한다. 자기가 잘나간다고 우쭐대거나 자기를 내세우고 싶은 마음에 오버하는 사람도 있는데 그러다 보면 앞서 말한 바와 같이 좋은 글과 좋은 소리를 인지할 수 없다. 자기를 돋보이게 하기 위해 잘난 체하고 우쭐대는 틈으로는 좋은 말과 글이 들어가지 않기 때문이다. 그러기에 결국 잘난 체하다가 자기 풀에 자기가 넘어지고, 자기 꼬임에 자기가 무너지는 상황에 처하게 된다.

회식 자리에서 주인공이 되면 많은 사람들의 주목을 받게 되고 술잔이 몰리게 된다. 그래서 결국에는 과음으로 인해 실수하게 되고 그 실수로 인해 평판에 치명적인 오점을 남기게 된다. 잘나가는 사람, 주목받는 사람, 시선이 집중되는 사람에게 술잔이 모이듯이 모든 것들이 힘 있는 사람에게 모이기 마련이고, 그 사람들이 돈과 사람까지도 끌어모은다.

과거에는 부자가 되고 일등이 되면 외롭다는 말을 많이 했다. 하지만 지금은 부와 권력을 가지고 있으면 오히려 사람들이 더 많이 몰린다. 전문가에게 지식과 정보가 모이듯 잘나가면 모든 것이 모이게 마련이다. 그러므로 잘나갈 때 주의해야 한다. 평상시 접해 보지 못한 것들을 접하게 되고 자기가 받아들일 수 있는 양보다 더 많은 양의 지식과 정보를 받아들이게 된다. 그러다 보면 모든 것이 풍요로운 상태에 이르게 되고 자기가 통제할 수 없을 정도로 많은 것을 보유하게 된다. 그로 인해서 자만하게 되고 결국에는 세상 모든 것이 자기 뜻대로 될 것 같은 착각을 하게 된다. 그래서 평상시 가졌던 마음이 사라지고 권력의 늪에 빠지게 되는 것이다.

잘난 체하지 말자. 그냥 조용히 있자. 나서지 말자. 잘나갈수록 더욱 그래야 한다. 언제나 초보처럼, 언제나 하인처럼, 언제나 평범한 직원처럼 낮은 자세로 낮은 위치에 있다는 생각을 가져야 한다. 그래야 실수하지 않는다. 그렇지 않으면 실수한다. 하늘에 오르면 오를수록 땅이 좁아지듯 좋은 자리에 오르면 오를수록 좋은 글이 보이지 않는다. 그러므로 늘 주의하고 초심을 생각하면서 조심해야 한다.

일순간 일그러진 영웅이 되고 나면 그 영웅의 자리에 있을 때 무엇을 잘못했고 어떤 점에 소홀했기에 그러한 일을 당했는지 반성하게 된다. 자기가 무엇을 잘못했고 앞으로 어떤 점을 주의해야 하는가에 대한 생각을 하게 된다. 그때 느끼는 것이 참다운 진리의 깨달음이다. 가장 이상적인 것은 정상에 올랐다가 바닥에 미끄러졌을 때 느끼는 것이 아니라, 정상에 오를 때 혹은 정상에 있을 때 그러한 것을 느껴야 한다. 그래야 정상에 있어도 크게 실수하지 않는다. 비근한 예로 당 태종 이세민이 태평성대를 이룬 것은 위징이라는 신하에게서 계속 배우고 익혔기에 가능했다. 또 조선 시대 세종대왕이 한글을 창제하는 등 백성들에게 존경받는 임금이 되었던 것 역시 계속 연구하고 학습했기에 가능했다.

위와 같이 높은 자리에 있을 때도 권력에 사로잡히지 않기 위해서는 초심을 돌아보면서 늘 깨어 있어야 한다. 초심을 돌아보는 가장 좋은 방법은 늘 배우고 익히는 것이다. 배우고 익히는 사람은 겸손하여 아랫사람에게 모르는 것을 물어 보는 불치하문(不恥下問)을 마다하지 않는다.

4. 무소의 뿔처럼 혼자 가라

조직 생활을 할 때는 가능한 한 나대지 말아야 한다. 또 쥐 죽은 듯 조용히 있어야 하고 다른 사람에게 영향력을 행사하지 말아야 한다. 물론 이런 생활은 기(氣)가 죽어 지내는 것처럼 느껴진다. 또 사방이 막힌 독방에 갇혀 있듯 갑갑한 생활을 하는 것처럼 느껴질 것이다.

| 사익을 도모하지 마라 |

논어에 대인은 어울리되 당을 만들지 않고, 소인은 널리 어울리지 않으면서 당을 만든다고 말한다. 그렇다. 나대지 않고 조용히 물러나 있는 것도 좋지만 호시탐탐 기회를 노리면서 재기를 노리거나 정권이 바뀌어서 다른 세상이 오기를 기다리는 것과 같은 느낌을 주지 않아야 한다. 권토중래(捲土重來)하면서 내일을 기다리고 와신상담(臥薪嘗膽)하면서 새로운 희망의 날을 기다리는 그러한 모습을 보이지 않아야 한다. 설령 그러한 마음을 품고 있더라도 한 치도 그런 내색을 하지 말아야 한다. 꿈에도 그런 생각을 하고 있지 않음을 생활 속에 드러내야 한다.

그러기 위해서는 다른 사람과 어울리되 사적으로 특정된 사람들과 자주 어울리거나 비공식적인 자리에서 특정인을 자주 만나지 말아야 한다. 가능한 비공식적인 자리는 피하고 공식적인 자리에서 친분을 나눠야 한다. 그렇지 않고 특정 라인을 타고 있다는 인상을 주면 그것이 화근이 되어 오래도록 거(居)하지 못하는 상황이 도래할 수 있다.

무릇 직장에서 정치하는 사람들은 단기간을 보는 것이 아니라 길면 10년 짧으면 3년을 내다본다. 그러므로 같은 직장에서 오래도록 직장 생활을 해야 하는 경우라면 10년 앞을 내다보면서 생활해야 한다. 아울러 현재 시점에서 정치하는 사냥꾼들의 그물망에 잡히지 않도록 철저하게 서열에서 빠져 세력 다툼의 의지가 없다는 뉘앙스를 풍겨야 한다. 아울러 자기에게 주어진 일은 확실히 해야 한다. 그러한 평판을 가지고 있어야 조직에서 오래 버틸 수 있다. 조직 생활을 하는 사람의 가장 기본적인 책무는 자기에게 주어진 업무를 말끔하게 처리하는 것이다. 최우선적으로 업무 공백이 생기지 않아야 한다. 모든 직장 정치는 업무 기반 위에서 이뤄진다. 이 말인즉 가장 기본적으로 해야 하는 업무를 못하면 다른 것을 잘해도 근간이 무너지게 된다. 그러므로 기본적으로 자기에게 주어진 업무는 확실하게 처리하는 전문가 수준에 달해야 한다. 그래야 다른 사람들이 만만하게 보지 않는다. 또 다른 사람들이 쉽게 대체할 수 없을 정도의 타의 추종을 불허하는 업무 처리 능력을 지니고 있어야 한다. 그런 사람들은 쉽게 조직에서 밀려나지 않는다. 조직에서 없어서는 안 될 사람이기 때문이다.

그러면서도 업무 외적인 것에서는 두각을 나타내지 말고 숨을 죽이고 있어야 한다. 생각하기에 따라서는 안팎에서 뛰어난 역량을 발휘하면 사람들이 좋아할 것 같지만 그런 사람들은 특별히 경계한다는 것을 알아야 한다. 요주의 인물은 항상 뭇사람들의 표적이 된다.

| 미인박명이니 주의하라 |

업무 능력이 탁월한 사람들이 가장 주의해야 하는 것은 조직의 위계질서를 우습게 보는 행동이다. 간혹 업무를 하다 보면 업무 수행 능력에 따라 출중한 능력을 가진 사람이 위계질서를 무시하고 프로세스와 시스템으로 일하려는 경향이 있다. 그러다 보면 상급자와 갈등을 겪는 상황이 발생될 수 있고 경우에 따라서는 위계질서를 무시하고 자기 임의대로 행동한다는 인식을 갖게 할 수 있다. 특히 모든 업무를 실무자에게 일임하는 상사 아래서 업무를 수행하는 경우에는 자기도 모르게 상사의 지침에 의해서 업무 수행을 한다는 명목으로 자기보다 서열이 높은 사람에게 함부로 하는 경우도 있다. 그러한 실수는 하지 말아야 하며 업무를 하되 일과 사람을 분리해야 한다. 즉, 일은 일대로 주도적으로 처리하되 자기보다 서열이 높은 사람에게는 부탁이나 도움을 청하는 형태를 취해야 한다.

단, 업무적으로 다른 사람들이 자기에게 아쉬운 소리를 해야 할 정도로 일에서 파워를 가지고 있어야 하고 다른 사람들에게 도움을 주는 위치에 있다면 도움을 주어야 한다. 아울러 자신이 하는 모든 업무는 개인의 성장과 승진을 위한 것이 아니라 조직의 발전과 공동의 이익을 위한 것임을 인식시켜야 한다. 조직의 업무를 하면서 그것을 기반으로 사익(私益)을 취하고 개인의 파워를 키운다는 뉘앙스를 풍기지 않아야 한다. 아니, 절대 그래서는 안 된다. 무릇 도둑질을 하는 데도 도(道)가 있다. 또 조그마한 골목에서 장사하는 상인들에게도 상도(商道)가 있다. 마찬가지로 직장인들이 가장 기본적으로 행하는 도리는 상사를 배반하지 않는 것이다. 자기를 믿고 맡겨 주는 상사를 배반하지 말아야 한다. 아울러 상하간의 위계질서를 철저히 준수해야 한다.

사실 낮은 곳에 거한다는 것은 다른 사람의 생각을 존중해 주고 그 사람이 조직에서 차지하고 있는 서열을 인정해 주는 것이다. 특히 직장에서는 서열을 인정해 주어야 한다. 아울러 후배들과 동료들에게도 낮은 자세로 거하고 막말을 하지 말고 존대해 주는 것이 좋다. 정겹고 친하다고 막말하는 것은 인격적으로 모멸감을 줄 수 있으므로 후배일지라도 존중하는 태도를 보여 주어야 한다.

| 의심받을 짓을 하지 마라 |

조직 생활을 하면서 동향이나 혹은 동창이라고 하면서 회사 외적인 인맥을 유지해야 하는 경우에는 주변에 너무 티가 나지 않도록

조심해야 한다. 경우에 따라서는 주변 사람들이 함부로 할 수 없는 후광효과를 노릴 수 있는 것이 비공식적인 모임이지만 자칫 궁지에 몰리면 그것 역시도 흠이 될 수 있다. 자기가 아무리 잘해도 자기와 친하게 지내는 사람이 서열 싸움을 하고 파워 게임을 하면 결국 그 여파가 자기에게도 미치게 된다.

가장 좋은 것은 그냥 바싹 엎드려 있는 것이다. 가급적이면 다른 사람의 눈에 띄지 않도록 일벌레처럼 보이는 것이 좋다. 그냥 자기에게 주어진 일만 충실히 하되 그것을 가지고 다른 사람에게 피해를 주지 말아야 하고, 그것을 빌미로 다른 사람에게 권한을 행사하지 말아야 한다. 또 승진 욕구가 있다든지 상사에게 잘 보이려고 아부한다는 뉘앙스를 풍기지 않아야 한다. 다른 사람이 보기에 승진이나 인사고과에 관심이 없고 열심히 일하면서 직장에서 오래도록 살아남으려는 사람이라는 느낌이 들도록 하는 것이 좋다. 그러면서 다른 사람에게 낮은 자세로 거하는데 조직에서 어느 누가 그런 사람에게 태클을 걸 것인가?

상사의 입장에서도 말을 하지 않아도 알아서 척척 업무를 처리해 주는데 싫어할 리 없다. 또 선배 사원의 입장에서는 자기보다 업무 처리 역량이 뛰어난 사람이 자기 자리를 넘보지 않고 서열에 따른 위계질서를 잘 지키기 때문에 그다지 골치 아픈 후배 사원이 아니라고 생각한다. 동료나 부하의 입장에서도 자기들과 순위 경쟁을 하지 않는다는 것 자체만으로 안심한다. 업무 능력도 탁월하고 전문 역량이 뛰어난 사람과 함께 일을 한다는 것 자체도 영광인데, 그런 사람이 서열 경쟁에조차 신경 쓰지 않으니 그 얼마나 좋으랴.

이상과 같은 생활을 하면서 남다르게 준비해야 하는 것은 자기 관리다. 자기 관리를 철저히 해야 한다. 또 윤리적이고 열정적이며 배우고 익히는 것을 좋아해야 한다. 타의 모범이 되며 학식도 풍부해야 한다. 아울러 다른 사람들에게 자기 실력을 드러내지 않아야 한다. 잘 알고 있다고 모르는 사람을 업신여기지 않아야 하고, 자만하지 말아야 한다. 그럴수록 오히려 고개를 더 숙여야 한다. 품위와 품격을 잃지 않아야 하고, 얼굴에 늘 미소를 띠어야 한다. 또 만나는 사람들에게 공손히 인사하고 남녀노소를 막론하고 예의범절을 잘 지켜야 한다.

그렇지 않고 업무 능력이 뛰어난 사람이 상사가 전권을 위임한 업무 처리 권한을 가지고 있다고 자기보다 더 높은 서열에 있는 사람의 자존심을 건들고 능력이 떨어지는 사람을 괄시한다면 주변에 적이 많아지게 된다. 그러므로 똑똑할수록 더 몸을 낮춰야 하고, 잘나갈수록 더 숨어 지내야 한다. 모난 돌이 정 맞는다는 말은 예나 지금이나 진리다.

5. 형제간 서열 무시는 가정 파괴 행위다

　대기업 오너의 자녀들이 서로 경영권 분쟁으로 법정 싸움을 하는 것을 보면 조선 시대 이방원이 일으킨 왕자의 난(亂)이 생각난다. 많은 사람들에게 인정받고 존경받는 한 기업을 대표하는 경영자들이 서로 추악한 모습을 드러내면서 싸움하고 서로 비방하며 서로를 잡아먹지 못해 안달이 나는 것은 서열이 무너졌기 때문이다.

| 가정에서 배워라 |

　일반적으로 사회적인 서열보다 가정에서의 서열이 오래 유지되는 것이 통상적인데, 막대한 돈이 오가는 경영에서는 가족들의 서열보다는 경영의 서열이 더욱 강하다는 생각이 든다. 즉 가족 간의 서열도 돈에 의해 엉망이 되는 그러한 세상이다. 돈이 피를 나눈 형제간의 서열도 무시하게 한다. 그리고 보면 형제간에 우애하고 가족 간 서열이 유지되는 가족은 아직도 돈에 의해 추잡한 것이 물들지 않은 순수한 가정이라고 볼 수 있다. 형이 동생을 위하고 동생이 형을 존경하며 서로 돈독한 우애를 나누는 것은 돈과 바꿀 수 없는 소중한 것이다. 금수저를 물고 태어난 사람들은 피보다는 금(金)이 더욱 귀하고 소중하다는 경제성의 원리에 입각해서 자라 온 터라 금수보다 못한 인생을 사는 것이라는 생각이 든다.

대기업 경영권 다툼으로 천문학적인 숫자가 오가는 뉴스를 보면서 그 정도의 돈을 가지고 있는데 무엇이 아쉬워서 더 많은 돈을 갖기 위해 혈안이 되고 서로를 죽이지 못해 안달하는지 이해할 수 없다. 하지만 사람의 욕심이 한이 없다는 것과 인간은 신이 아니라는 점에서 어느 정도는 그럴 수 있다고 생각한다. 인간이기에 그런 싸움을 하는 것이다.

형제간에 그러한 암투가 벌어진 가장 근본적인 원인은 가풍이 무너진 것에 있다. 가풍을 제대로 확립하지 못한 것, 가족 간 유대 관계가 느슨해진 것, 가족 간 서열이 흐트러진 것이 근본적인 원인이다. 최소한 형제간 서열, 그리고 부모와 자식 간 서열이 무너지지 않으면 결코 그런 일이 생길 리 없는데, 그것이 무너져서 그런 일이 발생한 것이다.

서열을 놓고 형제간 다툼을 하는 것은 돈과 권력으로 서열을 잡기 위한 투쟁이라고 볼 수 있다. 권력이라고 해서 반드시 정치적인 권력만을 의미하는 것이 아니다. 정치적인 권력도 권력이고 경제적인 권력도 권력이다. 권력은 부모와 자식 간에도 나누어 갖지 않는다는 말은 진리다. 그러므로 가족 간에는 서열이 붕괴되면 어느 정도 부작용이 있는지에 대해 어릴 적부터 선행 학습이 이루어져야 한다. 가족을 중요시하고 가풍을 중시하는 패밀리 의식이 있어야 한다. 그래야 좋은 관계를 형성할 수 있다. 가족 간에는 한솥밥을 먹는 식구로서의 공동체 의식과 동반자 의식이 있어야 한다. 그것이 경영에 영향을 줘서 극단적인 상황에서도 극단적인 갈등 관계로 치닫는 것을 막을 수 있는 길이다.

　대한민국 2% 안에 사는 사람들은 특별한 삶을 살 것이라고 생각이 들기는 하지만 가족이라는 것, 형제간의 정이라는 것은 다 똑같다는 측면에서 볼 때, 그러한 형제간의 싸움이 가정에서 해결되지 않고 법정에서 해결해야 하는 상황에 처하게 되었다면 그것은 결코 바람직한 현상이 아니다.

　부모로서 가장 보지 말아야 하는 것은 생전에 자식들이 재산을 가지고 분쟁하는 것이라고 말한다. 그래서 부모가 자식에게 남겨야 하는 가장 좋은 유산은 부가 아니라 그 부를 지킬 수 있는 지혜다. 그래서 부모가 일궈 놓은 아성을 지키고 그것을 대대손손 후손들에게 물려줄 수 있는 지혜를 물려주어야 한다. 물고기를 잡아 주는 것이 아니라 물고기를 잡는 기술을 알려 주어야 한다. 그러기 위해서는 우선적으로 자녀들에게 가족 간의 서열을 중요시하고 올바른 가치관을 확립할 수 있도록 해야 한다.

6. 서열을 몰라봤다면 즉시 사과하라

사람이 잘나갈 때는 자기가 항상 그 자리에 있을 것이라는 생각으로 자만하기 마련이다. 자기가 영영 잘나갈 것이라고 생각하면서 거드름을 피우고 그 찰나의 성공이 전부 자기의 노력으로 이뤄진 것이라고 착각하는 경우가 많다. 자기가 현재까지 일을 해서 자기 스스로 정상의 자리에 오른 것이라고 생각하고 마치 자기가 한 것이 최상이라고 생각한다. 그러다 보니 독불장군처럼 자만한 얼굴로 어깨에 힘을 넣고 다니는 경우가 많다.

하지만 여러 번 반복해서 말하지만 높이 오를수록 겸손해야 한다. 이제는 확고부동한 정상의 위치에 올랐으니 그 누구도 자신을 건드릴 수 없을 거라고 자만하지만 그로 인해 낭패를 당할 수도 있음을 알아야 한다.

| 독불장군은 필패(必敗)한다 |

특히, 독자적으로 일을 하다 보면 조직 생활의 흐름을 잊게 되어 서열을 무시한 채 업무의 전문성에만 매달려 오로지 일에만 치중하는 경우가 있는데 그러한 것은 결코 좋지 않다. 조직 생활을 하는 데 있어 제일 먼저 관리해야 하는 것은 '사람'이다. 특히 사람의 서열에

대해서 먼저 생각해야 한다. 일에 열중해서 일을 하는 것도 중요하지만 가장 우선적으로 해야 하는 일은 일이 아니라 서열 관리다. 일에 전념한답시고 자기보다 서열이 높은 사람이 옆에 왔는데도 아는 체를 하지 않거나 무시하는 것은 서열을 무시한 중대한 괘씸죄다. 또 자기와는 전혀 상관없는 부서라는 생각으로 그 사람에게 신경 쓰지 않고 무시하는 행동을 했다면 그로 인해 언젠가는 보복을 당하게 될 것이라는 것을 알아야 한다.

그러므로 우선적으로 자기보다 서열이 높다고 생각하면 무조건 머리를 숙여야 한다. 초면이고 모르는 사람이기에 그럴 수 있다고 생각하는 사람도 있다. 하지만 자기가 전혀 모르는 사람이고 처음 보는 사람이기에 자기가 거만한 행동했다는 것은 기회주의자라는 인식을 심어 줄 수 있다. 그러므로 평상시 겸허하고 겸손한 태도를 보여야 한다. 꼭 자기 직장 상사가 아니더라도 서열이 높은 사람이라고 생각하면 충분히 몸과 마음을 낮춰야 한다. 낮은 마음으로 임해야 하고 겸손한 마음으로 임해야 한다.

자기 소속이 아니어도 척 보면 자기보다 서열이 높거나 어느 정도 기품 있는 사람이 있을 수 있다. 그런 사람에게는 머리를 숙여야 한다. 마치 자기 소속이 아니기에 혹은 자기의 조직과는 경쟁 부서라고 생각해서 그 부서 상사에게 거만한 모습을 보여야 한다는 생각으로 거만하게 행동하는 것은 옳은 처사가 아니다.

회사에서 잘나가면 뭇 사람들의 시선에 우쭐하여 어깨에 힘을 주는 경우가 있다. 그래서 자기가 최고인양 자만하게 되고 사람 위에 사람 있다는 사실을 까마득하게 잊어버린 채 안하무인이 되는 것이다. 그러므로 늘 조심하고 주의해야 한다. 자기가 최고라는 생각을 갖는 것은 자신감을 극대화하는 용도로 활용하는 차원에서 필요한 것이지 자기가 다른 사람보다 더 우월하다는 이야기는 절대 아님을 명심해야 한다.

조심하고 조심해야 한다. 늘 긴장해야 한다. 나사가 풀린 것처럼 생활하다가는 자기도 모르게 다른 사람에게 실수하는 경우가 생기게 마련이다. 자기는 일에 몰두하다 보니 상사가 온 줄을 몰랐다든지 자기가 한 순간에 우쭐대고 자만해서 자기도 모르게 다른 사람을 몰라보게 되었다든지 하는 상황에 처했다면 빨리 자신의 잘못을 사과해야 한다.

자신이 열정을 다해서 그렇게 일을 하고 있기에 능히 상사의 입장에서 다 이해해 주리라는 생각은 자기 착각이다. 상사의 마음이 자기 마음과 같기를 바라지 말아야 한다. 상사는 상사 나름으로 보는 관점이 있다. 상사는 무시한 채 일에만 열중하는 직원과 상사를 알아보고 공손하고 겸손한 태도로 상사를 대하는 직원 중 어느 직원을 마음에 들어 할까?

사람은 감정의 동물이다. 자기를 알아봐 주고 자기에게 좋은 기운을 주고 겸손한 태도로 임하는 직원에게 호감이 가는 것이 당연하다. 자기가 온 줄도 모르고 일만 하는 직원을 누가 좋게 보랴.

그러므로 상사를 몰라보고 인사를 못했다면 뒤를 쫓아서라도 상사에게 다시금 인사를 해야 한다. 또 자기보다 높은 서열에 있는 사람 혹은 그렇게 보였던 사람에게 한 순간 자만하고 자기가 거만하게 행동하고 만용을 부렸다고 생각한다면 그것을 깨달은 즉시 진심으로 사과하고 자초지종을 설명해서 의심이나 오해가 생기지 않도록 해야 한다.

그렇지 않고 당연히 자기가 말을 하지 않아도 그 사람은 자기의 마음을 당연히 알아주겠지 라고 생각하는 것은 큰 착각이다.

서열이 오르면 오를수록 자기 서열에 갖는 프라이드가 크다. 높은 서열에 있는 사람은 그 서열에 오르기까지 분명히 수많은 암투를 벌여 온 사람들이다. 그러므로 그러한 사람들의 눈 밖에 나지 않기 위해서는 조심하고 주의해야 한다. 그런 사람일수록 자기에게 서운한 감정을 갖게 하거나 괘씸한 행동을 한 사람에게 반드시 크게 복수한다는 것을 알아야 한다.

또 그런 사람일수록 다른 것은 다 참아도 자기를 우습게 보거나 자기의 위치나 서열에 무관심으로 일관하는 사람을 가장 역겹게 생각한다. 특히 자기 자존심을 건드린 사람은 뿌리째 뽑아 버리려고 하는 사람이 바로 그런 사람이다.

그러므로 어떠한 경우에도 조직에서 살아남기 위해서는 그런 사람들을 무시하거나 그런 사람들에게 잘못했다고 생각하면 빨리 잘못을 사과하고 용서를 빌어야 한다. 아울러 그 사람이 충분히 화가 풀릴 때까지 자신의 죄를 고하고 용서를 구해야 한다.

| 서열이 높으면 서열에 대한 프라이드가 높다 |

서열에 높이 오른 사람일수록 권력 욕구가 강하다. 그 사람이 높은 자리에 올라 있기에 좋은 사람으로 보이고 한없이 성품이 좋은 사람으로 보일 것이다. 하지만 그런 사람이 그 자리에 오를 때까지 얼마나 많은 고초를 겪고 얼마나 큰 고난을 겪어 왔는지를 생각하면 그런 사람일수록 마음이 얼마나 차가운지를 알게 될 것이다. 그 누구보다 더 권력 욕구가 강하고 그 누구보다 자리에 욕심이 많은 사람이 바로 그런 사람이다. 그런 사람이기에 자기의 권위에 대항하거나 자기를 우습게 생각하는 사람은 반드시 응징한다는 것을 명심해야 한다.

| 괘씸죄에 걸리지 마라 |

서열이 높은 사람은 자기를 우습게 보거나 자기를 무시하는 사람을 가장 미워한다. 서열이 높은 사람은 온유해 보이지만 냉정하고

아주 독한 사람이다. 특히 직장에서 임원의 경지에 오른 사람들은 치열한 생존경쟁을 벌이고 그 자리에 오른 사람이다. 또 권력에 대한 냄새를 유독 잘 맡는 사람이다. 그래서 자기가 특정한 사람으로 인하여 방해된다고 생각하면 그 사람을 언제든 내치는 모략을 구사할 수 있는 사람이라는 점을 명심해야 한다.

반면에 그런 사람일수록 자기에게 헌신하고 충성하는 사람은 확실하게 챙겨 주는 속성이 있다. 자기를 챙겨 주고 자기에게 잘한다고 생각하면 그 사람을 위해서 무엇 하나라도 챙겨 주고 싶어 하는 잔정이 많다. 아니 자기를 알아주고 위해 주고 자기의 편이라고 생각하는 사람에게는 한없이 다정한 사람이다. 하지만 그 사람이 자기의 서열을 유지하는 데 방해가 되거나 자기 서열 유지에 흠이 된다고 생각하면 인정사정 두지 않고 내친다는 점을 알아야 한다.

그러므로 한순간의 실수로 인해 그 사람의 서열을 무시하거나 자칫 자기 일에 몰두한 나머지 그 사람을 무시하는 행동을 했다면 이실직고하고 용서를 구해야 한다. 그래서 자기의 잘못을 충분히 사과하고 양해를 구해야 한다. 그런 사람일수록 마음에 담아 두기 때문에 뒤끝이 아주 강하다. 그래서 언제든 기회가 되면 그에 대한 복수를 하려고 한다.

사람 관계는 참으로 모를 일이다. 이제는 더 이상 못 만날 것이라고 생각하거나, 이제는 더 이상 볼일이 없을 것이라고 생각하면서 함부로 대한 사람은 필연적으로 다시 만나게 된다. 서운하게 했던 사람일수록 잘못한 사람일수록 이상하게 만나지 않으려고 하는 사람일수록 다시 만나게 된다. 참으로 세상일은 모를 일이다. 그래서 죄를 짓지 말아야 하는가 보다. 특히 직장인의 경우에는 언제든 조직 변경으로 인해 원수 같은 사람이 자기의 상사가 될 확률도 있다. 그러므로 자기보다 서열이 높은 사람에게 주의하고 조심하자. 아울러 서열을 몰라서 실수를 했다면 그것을 깨달은 즉시 용서를 구해야 한다. 그래야 온전히 지금의 자리를 유지할 수 있을 것이다.

7. 늑대의 소굴에서 벗어나라

늑대가 우글거리는 곳에 양이 있다고 생각해 보자. 만약 먹을 것이 풍부하다면 양과 늑대가 공존하면서 서로 평화롭게 지내겠지만 먹을 것이 떨어지면 분명 늑대가 양을 공격할 것이다. 평상시에는 먹이가 있고 순한 양이 자기의 심부름을 해 주고 이익을 주기에 잡아먹지 않겠지만 토사구팽의 상황에 이르면 늑대는 양을 잡아먹을 것이다.

| 토사구팽에 주의하라 |

앞서 말한 피도 눈물도 없이 오르지 자기의 서열을 유지하고 자기의 기득권을 유지하려는 사람, 뻐꾸기처럼 남의 둥지에 기생하듯 남의 자리를 마치 자기 자리라고 생각하는 사람과 함께 생활할 때는 조심해야 한다. 특히 그 사람이 자기보다 서열이 높은 경우에는 그 사람과 적대 관계가 되지 않도록 조심해야 한다. 그런 사람들은 자기가 가진 높은 서열과 자기가 서열에 있음으로써 취할 수 있는 수많은 정치적인 모략을 취할 수 있는 늑대 같은 사람이다. 아무리 자기와 친한 사람도 자기 권력을 유지하는 데 방해되고 자기에게 맞서는 상황이 도래하면 언제든 날카로운 발톱을 드러낸다는 것을 알아야 한다.

유유상종이다. 그런 사람들 주변에는 신기하게도 그런 사람이 많다. 그래서 그런 사람이 가는 곳에는 잡음이 끊이지 않는다. 그런 사람과 함께하면 조용하고 평화로워 보여도 언제 어느 시점에 무슨 일이 일어날지 모른다. 그야말로 폭풍전야의 고요라고 생각해야 한다. 그런 사람들은 머릿속으로 늘 정치적인 계산을 하며 서열을 정리한다. 하루의 시작부터 자기의 서열을 알리고 중간중간에 회의하면서 자기의 서열을 인식시키고 퇴근할 때는 자기의 서열이 무너지지는 않았는지를 항상 점검하고 다음 날에는 자기 서열과 권력을 유지하기 위해서 자기가 무엇을 해야 하는지를 생각한다.

매일 일을 생각하고 성과를 내기에 급급한 사람이 그런 사람과 정치적인 싸움에 연루된다면 당연히 질 수밖에 없다. 일의 성과로는 결코 상대가 되지 않지만 정치적인 싸움을 하면 결국 그 사람의 희생양이 되기 일쑤다. 특히 성과 위주의 성향을 보이는 사람의 가장 큰 약점은 주변에 사람이 없다는 점이다. 그런 사람들은 사람과 함께 좋은 관계를 유지하기보다는 주어진 일에 헌신적으로 매진하기 때문이다. 그러기에 정치적으로 싸우면 질 수밖에 없다. 성과 이외에는 그 사람을 정치적으로 도와줄 사람이 없기 때문이다.

'지록위마(指鹿爲馬)'라는 말이 있다. 이 말은 진나라 권력의 실세인 조고가 말을 사슴이라고 말하자 다른 사람들이 그것을 사슴이라고 말을 하더라는 것인데, 그런 사람들은 조고처럼 불법을 적법하게 하고 자기가 원하는 것을 얻기 위해서는 피도 눈물도 없는 아주 독한 사람이다. 또 자기에게 적수가 되고 자기 권력에 저항하는 사람은 아예 씨를 말려 죽이는 사람이다.

그러므로 그런 사람과 같은 조직에 있다면 그 조직에서 빨리 발을 빼야 한다. 정치적인 모략이나 중상모략, 그리고 구설수에 의해 스트레스를 받으면서 직장 생활을 할 필요는 없다. 글로벌 무한 경쟁의 시대이니만큼 전 세계 사람들과 경쟁해야 하는데 좁은 땅을 차지하기 위해서 서로가 서로를 물어뜯는 그런 모습을 보면 참으로 한심하기 이를 데 없다.

늑대 소굴에는 늑대가 우글거리듯 그런 사람의 주변에는 항상 그런 사람이 우글거린다. 그러므로 그런 소굴에서 빨리 빠져나와야 한다. 그들은 필시 그들끼리 피 터지도록 싸울 것이다. 또 자기의 자리를 차지하기 위해, 새로운 환경에서 자기의 권력을 거머쥔 것을 다시는 내려놓지 않기 위해 별의별 수단을 강구할 것이다. 결국은 자기들끼리 싸우다가 자기들 스스로 물고 뜯는 혈투를 벌일 것이다. 그런 사람은 항상 끝이 좋지 않다. 왜냐하면 살아남을 때는 같이 살아남지만 자기가 죽을 때는 다른 사람을 희생양으로 삼기 때문이다.

| 크게 생각해야 크게 이룬다 |

보통 한 직장에서 직원 수는 많아야 30명이고 일개 부서로 치면 많

아야 400명이 채 되지 않는다. 그러한 조직 생활을 하면서 그곳에서 잘나가면 얼마나 잘나갈 것이며 그곳에서 높이 올라가야 얼마나 높이 올라갈 것인가? 또 직장에서 정치를 해서 서열을 유지하고 자기 권력을 유지하면 그로 인해 얼마나 행복할 것인지 의문이다.

직장 생활은 성과를 내야 하고 경영의 이익을 창출해야 하며 경쟁사 대비 유리한 자리를 선점해야 한다. 그런 경영 환경에서 우물 안 개구리처럼 내가 잘났느니 네가 못났느니 하면서 신경전을 벌이고 서로 헐뜯고 비방하지 못해서 안달 하는 것을 보면 참으로 아둔하고 안타깝기 그지없다.

보다 크게 생각해야 한다. 직장에서 함께 생활하는 사람은 적(適)이 아니다. 함께 생활하는 사람은 함께 성과를 내야 하는 동반자다. 또 직장은 서열 싸움을 하는 곳이 아니다. 자기에게 주어진 8시간 동안 자기에게 주어진 성과를 내야 하고, 자기 조직 안에 있는 사람이 조직에서 원하는 성과를 낼 수 있도록 동기를 부여해야 한다. 직장은 자기가 권력을 취하고 자기 기득권을 유지하기 위해서 정치적인 싸움을 하는 곳이 아니다. 또한 직장의 모든 것은 공용으로 활용해야지 결코 사적으로 사용해서는 안 되는 것임을 알아야 한다.

직장 정치를 하는 사람들은 다른 사람들이 자기보다 잘나가는 꼴을 보지 못한다. 또 그런 사람들은 과거에 자기 권력이 약해 갖가지 수많은 치욕을 당한 경험이 있는 사람이다. 그래서 권력에 집착하고 다시는 과거와 같은 모욕과 치욕을 당하지 않기 위해서 노력하고 헌신한다. 권력에 대한 집착이 강하고 자기 서열을 인정받고 싶어 하고 자기가 취한 기득권을 유지하고 자기가 서열을 놓치면 자기에게 얼마나 큰 불행이 엄습할 것이라는 것을 아는 사람이다. 그래서 직장에서 서열을 유지하고 권력에 병적인 집착을 보이는 것이다.

그런 사람과 함께할 때는 빨리 그 소굴에서 벗어나야 한다. 그렇지 않으면 더 큰 부상을 입게 된다. 남이 죽도록 성과를 내도 자기 성과로 부풀리는 사람이기에 결국은 남 좋은 일을 한다고 생각하면 된다.

그러므로 아무리 남이 알아주는 일터이고 남이 보기에 부러워하는 일이라고 해도 마음이 가시방석이라면 빨리 벗어나는 편이 좋다. 그런 사람과 함께하는 것은 스트레스를 유발하고 쌓인 화로 인해서 결국에는 생명에도 지장을 초래하게 된다.

대부분 현장에서는 일에 바빠 그런 생각을 할 여유가 없는데 교육 부서 등 스텝 부서에 있으면 그런 정치인들이 많다. 스트레스 가득한 넥타이를 매고 있는 사람보다는 기름때 묻은 청색 작업복이어도 스트레스 없이 보람과 땀의 결실이 있는 건강한 직장이 더욱 행복한 직장이다.

8. 분위기에서 벗어나라

　서열에 중독되면 불나방이 불빛을 쫓듯 서열을 쫓는 서열 중독자가 된다. 그러므로 서열에 중독되지 않도록 주의해야 한다. 서열에 중독되지 않는다는 것은 서열을 놓고 경쟁자와 경쟁하지 말라는 것을 말한다. 서열을 얻든 상품을 받든 경쟁자와 경쟁해야 한다. 그러한 경쟁의 맛에 취하면 경쟁에 중독된다. 또 스릴이 있고 자기 생각대로 경쟁에서 승리한 경우에는 그 성취감에 중독이 된다. 그러므로 서열 경쟁에 중독되지 않으려면 서열에 관심을 두지 말고 묵묵히 자기의 길을 가야 한다.

| 집착하지 마라 |

　서열에 중독되지 말라는 말은 경쟁에 중독되지 말라는 것을 의미한다. 여기서 중독은 어떤 특정한 분위기에 휩쓸리지 말라는 것으로, 실제로 무엇인가에 중독되면 그 분위기에 취하게 되고 사리 판단이 어렵게 된다.

　우리가 어떤 특정한 사람을 사랑하게 되면 그 사람에게 자기도 모르게 사랑의 콩깍지가 씌게 된다. 그러면 그 사랑하는 사람이 하는 모든 것을 사랑하게 된다. 마누라가 예쁘면 처갓집 말뚝에도 절을 한다는 말이 있듯 사랑의 콩깍지가 씌게 되면 자기도 모르게 사랑하는 사람에게 푹 빠지게 된다. 그래서 다른 사람이 보이지 않게 된다. 다른 사람을 보지 못하고 다른 사람이 원하는 일을 하게 된다. 다른 사람을 봐야 하는데 다른 사람을 보지 못하고 오로지 그 사랑하는 사람만을 보게 된다. 그래서 완전히 사랑의 노예가 된다.

 어떤 사람이 사람들이 많은 시장에서 금을 훔치다 적발됐다. 그래서 경찰이 왜 하필 그렇게 사람이 많은 곳에서 금을 훔쳤느냐고 물었다. 그러자 그 도둑이 하는 말이, 금을 훔칠 때는 다른 사람이 보이지 않더라는 것이다. 이렇듯 콩깍지에 씌었다는 것은 뭔가에 필이 꽂혔다는 것을 의미한다. 뭔가에 필이 꽂혀 있으면 주변의 다른 것들이 보이지 않는다. 마치 경주마가 눈가리개를 하고 앞만 보고 달리듯 그 대상을 향해서 온전히 몰입하게 된다.

 이러한 중독이나 콩깍지에 씌운 것은 일련의 분위기에 취한 것이라고 볼 수 있다. 생선 싼 종이에서는 생선 냄새가 난다는 말이 있듯 어떤 분위기에 휘둘리게 되면 그로 인해 계속해서 그 분위기에 빠져들게 된다.
 이 중에서도 각별하게 주의해야 하는 중독이 있다면 '권력에 대한 중독'이다. 서열에 대한 중독이 바로 권력에 대한 중독이다. 그러므로 서열 싸움을 하고 있다면 자기가 어떤 특정한 것에 자기도 모르게 콩깍지가 씌워진 것은 아닌가 하는 생각을 해 봐야 한다. 또 주변 여건이나 환경이 자기를 중독에 빠지도록 분위기가 조성되어 있는 것은 아닌가를 돌아봐야 한다. 자칫 자기도 모르게 꿈을 꾸는 것 같은 환각 상태에 이를 수 있으므로 정신을 바짝 차려야 한다. 그래서 서열 중독에 빠지지 않도록 해야 하고 서열에 대한 로망을 버려야 한다. 그렇지 않으면 자기도 모르게 그 서열에 오르기 위한 중독에 빠지게 된다.

  돈과 마약과 도박에만 중독되는 것은 아니다. 우리가 일상생활을 하면서 습관적으로 행하는 모든 행위는 자기도 모르게 중독되었음을 의미한다. 조금 중독되고 길게 중독되고 깊게 중독되고 얇게 중독되는 정도의 차이만 있는 것이지 우리가 몰입하는 모든 상태는 어떻게 보면 중독되어 있는 상태다. 좋은 말로 하니 몰입이지 중독이라고 말해도 전혀 그릇된 말이 아니다.

  서열에 필이 꽂히면 그 자리에 중독된다. 그 자리에 중독되면 그 자리를 쟁취하기 위해 수단과 방법을 가리지 않고 싸운다. 정말로 원하는 자리, 모든 사람들을 자기 마음대로 좌지우지할 수 있는 그런 자리에 앉기 위해 혈투를 벌여야 하는 상황에 놓이게 된다. 조선시대 왕권을 차지하기 위한 형제의 난, 당태종 이세민의 왕자의 난 등 서열 싸움은 피를 부른다. 이에 대한 행동을 유도하는 것이 바로 분위기다. 자기 마음에 서열에 대한 생각이 없어도 주변 상황이 서열을 중시해야 한다고 계속해서 주입하고 그것을 계속해서 눈으로 보고 귀로 듣게 되면 자기도 모르게 서열에 중독될 수밖에 없다. 그것이 분위기가 주는 힘이다.

그러므로 서열에 중독되지 않기 위해서는 권력에 초연해야 한다. 직장에서는 승진에 아랑곳없이 자기가 하는 일에서 보람을 얻는 것이 서열의 분위기에 빠져들지 않는 것이다. 또 운동선수들은 자기가 주전을 꿰차기 위해서 힘을 다해 노력을 한다. 요즘 대표 선수를 발탁할 때 동일한 포지션을 놓고 후보들을 경합시켜서 그 중에서 가장 우수한 선수를 대표 팀에 발탁하는 형태를 취하고 있다. 그러한 경우에는 경합을 해야 한다. 일단 자기가 좋아하는 일을 하고 자기가 하고 있는 일을 통해서 보람을 얻기 위해서는 반드시 경쟁에서 승리하여 그 자리에 선발되어야 한다. 그런 서열 경쟁은 좋은 경쟁이다. 하지만 경쟁 후 자리에 올라 다른 사람을 다스리고 리드해야 하는 경우에는 태도를 달리해야 한다. 사람들은 누군가 특별한 사람이 나타나서 자기들을 이끌어 주기를 바란다. 자기가 다른 사람을 이끌고 리드하고 싶은 본능이 있는 동시에 자기를 다른 사람이 잘 이끌어 주기를 바라는 마음도 있다. 그래서 추앙하고 선동하는 것이다. 자기가 나서고 싶은데 나서기 껄끄러우니 남을 통해서 대리만족을 하기 위해서 다른 사람이 나서도록 선동하는 것이다. 보통 그런 사람들이 서열 싸움을 하도록 분위기를 조성한다. 그런 사람들은 사람의 심리를 잘 아는 사람이다. 자기가 서열 싸움에 빠져들려고 하지 않아도 어느 샌가 서열 싸움에 빠지게 하는 사람들이 바로 그런 분위기를 잡는 사람이다. 그러므로 그런 사람들의 꼬임에 넘어가지 않도록 늘 깨어 있어야 하고 주의해야 한다.

서열 다툼을 하지 말고 자연스럽게 서열에 오르는 것이 최상이다.

그렇다. 자기가 원하는 서열에 오르기 위해서는 주변 여건이나 상황을 필연적으로 자기가 서열에 오를 수밖에 없는 상황으로 만들어야 한다. 이왕지사 서열에 관심을 가지고 있다면 다른 사람과는 전혀 경쟁하지 않아도 당연히 그 자리는 자기가 따 놓은 당상이 되도록 평상시에 자기 입지를 키워야 한다. 또 자기 실력을 자기가 다져야 하고 자기 서열의 자리에 놓일 수 있도록 늘 깨어 있어야 한다. 평상시에 포석을 두고 누가 봐도 서열 경쟁을 굳이 할 필요도 없이 그 자리는 당연히 그 사람의 자리라고 인식되도록 평상시 자기 관리를 잘해야 한다. 그래서 서열 싸움을 하려고 해도 워낙 격차가 커서 싸워 볼 엄두가 나지 않도록 만들어야 한다. 그것이 바로 손자병법에서 말하는 싸우지 않고 적을 이기는 부전승(不戰勝)의 기술이다.

| 콩깍지를 벗겨 내라 |

아울러 콩깍지가 씌었다면 빨리 그 깍지를 벗겨 내야 한다. 콩깍지는 중독 혹은 고정관념이라고 말할 수 있다. 자기가 특정된 관념에 고정되어 다른 사람이 무슨 이야기를 해도 믿지 않는 사람들이 고정관념에 박힌 사람이다. 마치 자기가 녹색 선글라스를 끼고 세상을 보면 모든 것이 녹색으로 보이는 것과 같은 고정된 관념 상태가 콩깍지가 씌어 있는 상태다. 그런 상태에 씌어 있으면 앞서 말한 금도둑과 같이 편향적인 성향을 보이게 된다. 오로지 자기가 관심 있어 하는 부분만을 보게 된다. 다른 것은 보지 못하고 오로지 자기가

원하고 관심 있어 하는 사항만을 계속해서 바라보는 것이다. 그래서 자기 홀릭에 빠져 모든 것을 있는 그대로 보지 못하는 문제가 발생된다. 모든 것을 객관적인 시각으로 바라봐야 하는데 자기가 생각하는 관점으로 모든 것을 평가한다는 것이다. 그러다 보면 마치 착한 사람이 사이비 교리에 빠져 헤어나지 못하는 것과 같이 서열이 높은 사람에게 맹목적으로 복종하는 경향을 보이게 된다. 자기가 로망으로 생각하고 자기가 원하는 서열에 빠져 있으면 자기의 말과 생각과 행동이 자기가 로망으로 원하는 서열에 있는 사람의 취향에 빠지게 되고 모든 것이 그 사람의 서열에 맞춰지게 된다. 그래서 그 서열에 있는 사람이 죽으라고 하면 죽은 시늉까지 한다. 그런 콩깍지에서 벗어나야 한다.

  콩깍지에서 벗어나기 위해서는 여러 다양한 사람들을 만나야 하고 많은 사람들과 다채롭게 교류해야 한다. 그래야 다양하고 객관적으로 자기 상사를 바라볼 수 있는 눈이 길러진다.
  또 적당히 알아야 한다. 무지해도 콩깍지가 씔 위험이 있고 너무 해박해도 중독될 우려가 있다. 그러므로 일반적 상식 수준에서 바라볼 정도로 적당히 알아야 하고 무지로 인해 사기를 당하지 않을 정도로는 알고 있어야 한다. 아울러 깊이 있게 알려고 하면 할수록 그 상황에 빠져들 수 있으므로 적정한 상황에서 브레이크를 밟아서 적정선에서 흘러가도록 해야 한다. 너무 과하지도 않고 너무 부족하지도 않는 상태가 가장 좋은 상태다.

중독에 빠져 있다는 것은 사방이 보이지 않는 안개 속에 빠져 있는 것과도 같다. 뭔가 모르게 환각 상태에 빠지거나 콩깍지 상태에 빠져 있다면 눈을 감고 생각하는 시간을 많이 가져야 한다. 내가 가야 하는 길을 생각하면서 내가 이루고자 하는 목표를 생각하면서 늘 깨어 있어야 한다.

9. 갑질을 하지 마라

선임 부서에 근무하는 경우가 있다. 직장에서 선임 부서는 상사의 직할 부서 혹은 부서의 전체 업무를 종합적으로 관리하는 부서다. 그 부서에서 업무하다 보면 부속되는 다른 부서에 상사의 업무 지침을 전달하고 그것이 제대로 실행되고 있는지 혹은 실행하고 있는 사항이 상사의 지침대로 이뤄지고 있는지를 모니터링한다. 아울러 그 모니터링을 해서 분석된 실적을 토대로 목표를 수정하고 상사가 원하는 수준에 이르기까지 그것을 부속된 부서에서 할 수 있도록 수정 지침을 내리기도 한다.

그러한 위치에 있다면 주의해야 한다. 자기가 선임 부서에 있다고 해서 자기가 높은 서열에 있다는 착각을 하지 말아야 한다.

| 자기 착각에서 벗어나라 |

당나귀가 수레에 신상(神像)을 싣고 도로를 활보하자 길가에서 사람들이 절을 한다. 그러자 당나귀가 기고만장을 한다. 지나가는 사람마다 자기에게 절을 하기 때문이다. 그런데 나중에 신상을 내리자 아무도 절을 하지 않더라는 것이다. 당나귀는 나중에 사람들이 자기에게 인사를 한 것이 아니라 신상에 한 것을 알게 된다. 마찬가지로 많은 사람들이 선임 부서에 있고 서열이 높은 부서에서 일을 한다고 해

서 자기가 마치 권력의 중심에 있고 다른 사람에 비해서 서열이 높은 사람이라고 착각하는 경우가 많다. 그런 경우에는 주의해야 한다.

  선임 부서에서 근무하게 되면 다른 사람의 진행 실적을 모니터링하고 분석해서 다른 사람 업무의 오점을 잡고 잘못된 것을 발견해서 수정하도록 한다. 그러면 자기는 실적이 좋아지고 상사로부터 칭찬받을 것이다. 하지만 그것은 장기적으로 볼 때 마이너스다. 일로 인해 성과를 얻을지는 몰라도 사람을 잃는다. 그러므로 자기가 잘한 것에 의해서 자기 성과를 인정받는 경우에는 다른 사람에게 알려도 좋지만 다른 사람의 잘못된 것을 찾아서 그것이 수정되도록 지침을 내리고 다른 사람의 잘못을 이용해서 자기 실적을 내려고 하지 말아야 한다. 그것은 다른 사람을 밟고 일어서는 경우라고 볼 수 있다.

  타인의 잘못을 꼬집어서 그것을 빌미로 자기가 업무를 잘했다고 자랑하려는 사람들이 선임 부서에서 근무하는 사람이다. 그것이 바로 관리자들이 갖는 관리 의식이다. 관리 부서에 있다 보면 모든 것을 관리하려고 한다. 그래서 타인이 잘못하면 자기가 관리를 제대로 하지 못해서 그러한 것이라고 질책을 받을 수 있기에 다른 사람이 잘못한 것을 부각시켜 관리상의 문제가 아니고 다른 사람이 잘못해서 그렇다는 것을 부각시키려고 한다. 그래야 자기에게 다가오는 피해를 최소화할 수 있고 실적 저조의 책임에서 자유로워질 수 있기 때문이다.

  자기 입장에서는 상사에게 칭찬받고 저조한 실적의 책임을 다른 사람에게 전가해서 마음은 편하겠지만 상대적으로 당사자가 큰 충격을 받게 된다는 것을 알아야 한다. 그러므로 상대방의 자존심을 챙겨 주고 상대방 마음이 불편하지 않도록 해야 한다. 자기가 이익을 보려고 하지 말라는 것이다. 중요한 것은 그 원인을 어떻게 제거하고 향후에 어떤 개선책을 마련하는 것이 좋은가를 먼저 생각하는 것이다. 문제를 부각시키는 것이 아니라 이에 대한 개선책을 마련하는 것이 더 중요하다. 그러므로 상대방이 정신적인 피해를 보지 않도록 상대방이 잘못한 것을 상대방이 스스로 해결할 수 있도록 기회를 제공해야 한다. 상대방이 알아서 그것을 해결하고 다음에는 그런 일이 재발되지 않도록 하는 것이 중요하다. 그런 관리가 좋은 관리다. 그렇게 관리하면 성과와 관계를 동시에 얻을 수 있다.

그러므로 자기가 잘못한 것에 대해서는 자기 스스로 그것을 해결할 수 있도록 가이드를 제공해 주고 상대방이 조기에 그러한 실수를 개선할 수 있도록 지원해 주어야 한다. 또 지식과 가이드를 제공해 주는 역할을 하는 것이 선임 부서에 근무하는 사람들이 행해야 하는 업무 처리 방식이다. 그런데 많은 선임 부서나 본사에서 관리하는 부서 사람들은 모든 업무를 지시하고 지침을 내리는 형태로만 업무하는 경향이 많다.

| 조직의 서열이 개인의 서열이 아니다 |

선임 부서에서 업무를 하고 있다고 해서 그것이 자기 서열을 의미

하는 것은 아니다. 회사에서 업무를 하는 것은 서열이 없고 그것을 수평적인 관계 선상에서 상보적인 관계를 형성해서 업무해야 한다. 상호 도움을 주고받으면서 어려운 여건에 있을 때는 서로 도와가면서 행해야 한다.

 엄밀하게 말하면 선임 부서나 본사에서 근무하는 사람들이 현장 직원들에게 함부로 하고 자기가 관리하는 영역에서 전형적인 권위를 내세워 관리하는 것은 선임 부서와 본사에 근무하고 있다는 서열을 이용한 갑질 행태라고 볼 수 있다. 자기가 관리 부서의 위치에 있다고 다른 사람에게 안하무인으로 행동하는 것은 권력 남용이다.

 갑의 위치에 있는 사람들이 을의 위치에 있는 사람들에게 함부로 하는 것은 사회에서 강자가 약자를 혹은 부자가 가난한 사람을 업신여기고 핍박하고 억압하는 것에만 국한되는 것이 아니다. 직장에서 관리 부서에 있는 사람들이 실행 부서인 현장 직원들에게 업무 지침을 함부로 내리고 다짜고짜 자기 관리 방식대로 따르게 하는 것 역시도 갑의 횡포다.

 관리 부서의 입사 3일 차 신입 사원이 현장 부서 경력 30년차인 자기 아버지뻘 되는 사람에게 업무로 억압하고 핍박하는 작태가 암암리에 이뤄지는 곳이 직장이다. 그러므로 본사나 선임 부서에서 일을 하는 사람이라면 그 점을 항상 유념해야 한다.

10. 성공할수록 적이 많아진다

자리가 사람을 만든다. 평범한 사람도 높은 자리에 오르면 그 지위에 상응하는 파워를 내뿜고 싶은 권력 욕구가 생긴다. 사람마다 권력에 대한 성취 욕구가 다르지만 대부분 본능적으로 강자의 위치에 오르면 강자다운 면모를 보이고 싶어 한다. 이것은 인간이면 누구나 가지고 있는 본능이다.

특별히 다른 사람보다 항상 낮은 위치에 있으려는 사람도 있는데 이런 사람들은 권력을 가지고 있어도 권력 욕구를 내보이지 않으며 타인을 섬기는 좋은 성품을 가진 사람이다.

| 공권력을 개인화하지 마라 |

아무리 멍청한 사람도 자기가 주도하고 리드하는 위치에 오르면 한몫 잡으려고 한다. 일반적으로 사람은 자기가 가진 권력 유지 본능이 있고 자기가 차지한 권력은 다른 사람에게 빼앗기지 않으려는 본능이 있다. 동물도 평소에는 순한 모습을 보이다가 자기 먹이를 빼앗으려는 사람은 물려는 경향이 있다. 그만큼 사람이나 동물은 자기 영역을 지키려는 본능이 있다. 인간의 지위나 권력도 그와 같은 속성이 있다.

자기가 가진 권력을 휘두르려는 사람은 권력에 대한 소유 의식이 강한 사람이고, 자기가 가진 권력을 갈무리하고 다른 사람을 섬기는 사람은 권력을 소유가 아닌 존재로 받아들이는 사람이다.

두 가지 부류 중 어느 것이 좋고 어느 것이 나쁘다고 말하려는 것이 아니다. 카리스마로 다른 사람에게 독보적인 힘을 발휘하는 사람은 조직의 기강을 세우는 초창기에 적합하다. 반면에 평화로운 시기에는 다른 사람을 포용하고 섬기는 권력자가 필요하다. 이렇듯 조직이 처한 상황에 따라 권력을 어떻게 활용해야 하는가가 다르다.

그럼에도 불구하고 권력을 가지면 낮추려는 마음을 가져야 한다. 권력을 가졌다는 것은 높은 자리에 오른 것이다. 사람은 자리가 올라가면 기분도 덩달아서 올라가는 성향이 있다. 마치 자기 자리가 높아진 것이 자기 성품과 능력이 함께 높아진 것이라고 착각한다. 그래서 자기가 거느리는 영역에서는 자기가 신(神)적인 존재라고 생각한다. 그런 마음을 버려야 한다. 자기가 조직의 전부이고 자기 조직원들이 자기 말이라면 무조건 따라야 한다는 생각을 버려야 한다.

권력자의 힘은 조직을 위해서 존재하는 권력이어야 하는데 자기 개인을 위해서 권력의 힘을 이용하는 사람도 있다. 사람은 권력을 지키려고 할수록 블랙홀에 빠져들고 자기가 하는 모든 것은 조직을 위하는 것이라는 허울 좋은 명분을 내세워 무소불위의 권력을 휘두르려는 본능이 있다. 그러므로 그러함을 의식하고 일부러라도 자신을 낮추는 연습을 해야 한다. 그러기 위해서는 자기가 권력을 가지고 있다는 것 자체를 잊어야 한다.

| 프로세스와 시스템에 중독되지 마라 |

선임 부서나 갑의 위치에 오르면 자기가 아는 것을 다른 사람에게 알리려는 속성이 있다. 자기가 생각하는 조직을 만들어 가기 위해 다른 사람에게 자기가 가진 생각과 철학을 주입시키려고 한다. 다른 사람을 자기 스타일로 만들려는 것이다. 자기가 아는 것이 전부이고 자기가 하고자 하는 것이 옳다고 생각한다. 하지만 권력을 가진 사람일수록 자기 생각이 틀릴 수도 있다는 생각을 해야 한다. 그런데 남을 리드하는 위치에 있으면 시나브로 그 권력의 힘을 사용해 보려는 욕구가 생긴다. 그래서 한번 그 효력이 발생하면 그로 인해 성취감을 느끼게 된다. 자기가 무심코 던진 말이 실제 다른 사람의 행동을 통해서 실행되면 그것에서 묘한 성취감을 느끼게 되고 그러한 희열을 계속해서 느끼게 되면 자기도 모르게 그것에 중독된다. 그것이 권력이 주는 묘한 맛이다.

직장에서 선임 부서에 있는 사람이 다른 부서에 업무 지시를 하고 지침을 내리는 것 또한 자기가 지시한 사항이 다른 사람에 의해서 이뤄져야 하는 것을 당연하게 생각하는 관료주의 속성에서 비롯된 것이다. 자기의 말 한마디에 모든 것이 술술 행해진다고 믿는다. 그런 프로세스에 중독되면 자기도 모르게 자신의 생각과 말과 행동이 그 프로세스를 쫓게 되고 그로 인해 자기도 모르게 중독된다. 여기에 다른 사람들도 선임 부서에서 지침을 내리면 그것을 행하는 것이 당연한 것이라고 생각하게 된다. 자기도 모르게 학습된 무기력에 빠지는 것이다.

일례로 감사 부서 직원들은 자기들이 모든 것을 감사하기에 자기들은 투명하고 윤리적인 사람이라고 착각한다. 또 혁신 부서에 근무하는 사람들은 혁신 부서에서 근무하기에 자기가 마치 혁신으로 단련되고 혁신적인 생활을 하는 사람이라고 착각한다. 그래서 일반 직원들은 감사하는 부서를 먼저 감사해야 하고 혁신하는 부서가 먼저 혁신해야 한다고 이구동성으로 말한다. 당신네들이나 잘하고 다른 사람에게 이래라 저래라 하지 말라는 것이다. 이도 저도 아니니 다른 사람들을 네 뜻대로 하려고 하지 말고 자기 자신이나 잘 알아서 건사해야 한다는 말이다. 맞는 말이다. 자기 자신을 다스리지 못하는 사람은 남도 제대로 다스리지 못한다.

무엇이든 계속하면 그것이 습관이 되고 처음에는 불편했던 것도 계속하다 보면 편해지기 마련이다. 마찬가지로 조직 생활을 계속하다 보면 그로 인해 프로세스와 시스템으로 굳어진 조직 문화에 자기도 모르게 중독된다. 그러므로 늘 깨어 있어야 한다. 자기가 그런 프로세스에 물들지 않고 모든 것을 당연하게 받아들이지 않도록 자기 마음을 다잡아야 한다.

11. 갈등의 80%는 서열 때문이다

조직 갈등의 80퍼센트 이상은 서열 때문에 일어난다. 동물에게 생기는 갈등도 서열로 인한 갈등이 많다.

| 주도권을 잡기 위해 서열 싸움을 한다 |

암컷을 차지하기 위해 수컷들이 서로 싸우고 사냥감을 먹을 때 서로 먹이를 많이 먹기 위해서 격렬하게 싸운다. 사람도 마찬가지다. 조직이 만들어지면 조직의 성장 과정에서 알 수 있듯 결정된 조직 안에서 서열을 유지하거나 차지하기 위해 소리 없는 정치 전쟁을 한다. 이런 단계를 스토밍(storming) 단계라고 말한다. 즉 폭풍이 휘몰아칠 정도로 어수선한 조직이 되는 시점이 바로 그러한 서열 정리를 위해 싸우는 시기다. 그 이후에는 다시금 조직이 새로운 분위기 속에서 새롭게 형성되는 리포밍(reforming)의 단계에 이른다. 그 새롭게 결성된 조직은 서열 정리가 잘 된 조직이다. 그래서 그 조직에서는 새로운 성과를 내기 위한 퍼포밍(performing) 단계에 이르게 된다. 서로 힘을 모아서 응집된 힘으로 새로운 성과를 내는 퍼포밍의 단계에 이르기 전 단계에서 서로 간의 갈등을 겪고 서열 싸움을 했기에 이제는 서로가 누가 강하고 약한 것인가에 대한 서열 정리가 잘 이루어진 것이다. 그래서 자기가 나서야 할 때와 물러가야 할 때를 알기

에 싸움을 하지 않는다.

    부부간에도 그러하다. 신혼 때에는 서로가 생활의 주도권을 잡기 위해서 싸우는데 대체로 남편이 이기는 경우가 많다. 하지만 시간이 흐르면 흐를수록 가정 살림은 아내 쪽으로 기울기 마련이다. 아내가 가정 살림의 주도권을 가지고 있는 가정이 그렇지 않는 가정보다 행복하다. 그래서 모든 남편들이 아내에게 생활의 주도권을 위임한다.

    부부 싸움은 칼로 물 베기라는 말이 있듯 어떻게 생각하면 부부 싸움은 무의미하다. 하지만 그럼에도 자꾸 싸우는 이유는 서로가 평등을 요구하고 자기 생활에 대해서 서로 간섭하지 않기를 바라기 때문이다. 서로가 서로의 간섭을 받지 않고 자유롭게 생활하고 싶어서 서로가 서열을 놓고 싸우는 것이다. 사생활을 건드리지 않고 서로가 서로를 존경해 주고 위한다면 좋은 관계를 유지할 수 있다. 서로가 서로의 서열을 인정해 주거나 서열의 높낮이 없이 동등한 상황에서 서로를 인정하는 관계가 행복한 부부 관계다.

    가정은 조직의 가장 기본적인 단위 조직이다. 그러므로 가정에서 서열 의식이 제대로 이뤄져야 한다. 자식이 부모에게 공경하고 형제 간에 서로 우애하는 가정에서 자란 사람들은 조직에서도 그러한 순서와 선후배 간의 위계질서를 매우 중요하게 생각한다. 하지만 그러한 서열을 가정에서 체험하지 않는 사람들은 조직 생활을 하면서도 무례하기 짝이 없는 경우가 많다.

그만큼 둘 이상이 모인 조직에서는 항상 갈등의 주범은 사람간의 관계에서 비롯된다. 서로가 서로를 믿고 의지하면서 소통하고 신뢰한다면 갈등이 발생될 리 없다. 하지만 시일이 지나고 서로가 서로의 이익을 위해서 일하고 서로가 서로를 이겨야 하는 경쟁 선상에 놓이게 되면 그때부터 심한 갈등이 생긴다. 겉으로는 조직의 서열을 잘 유지하고 있는 것 같지만 실제로는 불신하고 서열이 높은 사람의 권위를 순수하게 인정하지 못하는 것이다. 그러다 보니 만나면 서로가 불협화음을 내고 평소에는 아무 말도 하지 않다가 이해관계를 따져야 하는 결정적인 상황에 이르면 그야말로 눈에 불을 켜고 서로 반목하고 욕설을 주고받으면서 싸운다. 그렇다. 갈등의 씨앗은 사람 간의 갈등 즉 서열 간의 갈등에서 비롯된다. 조직에서는 서열이 기본인데 그러한 것이 유지가 되지 않으니 갈등이 생길 수밖에 없는 것이다.

| 서열 높은 사람에게 순종하라 |

가정에서 형제간에 서열이 무너지면 콩가루 집안이 되는 것처럼 조직에서도 위계질서가 무너지면 그것은 조직으로써 영구히 유지될 수 없고 체계가 없고 시스템이 없는 조직이 될 확률이 높다. 조직은 씨줄과 날줄이 엮어져서 천을 만들어 가듯이 조직원들이 서로 씨줄과 날줄이 되어 조직력을 강화해야 한다. 그냥 아무 규칙이 없이 쌓여지는 것은 조직력이 아니다. 일정한 프로세스와 일정한 규칙과 시

스템에 의해 조직이 결성되어 유지되는 것이다.

　조직을 구성하는 가장 기본적인 구성이 바로 인적 조직도인 서열의 조직도다. 인사 조직으로 인해 가장 먼저 서열 정리를 한다. 부장, 과장, 주임, 반장, 조장 등의 순으로 수직적인 서열 정리를 한다. 그래서 아무리 나이를 많이 먹었더라도 직책에 준하여 순명하고 순종하도록 하고 있다.

　서로가 서열상 상대방이 자기보다 서열이 높다는 것을 인정하고 순종하면 갈등이 줄어든다. 자기가 아무리 학식이 많고 돈이 많다고 해도 공식적인 서열이 자기보다 높은 사람이라고 한다면 그에 순종해야 한다. 자기가 잘난 사람이라고 생각하는 사람일수록 자기보다 못난 사람이 자기보다 높은 서열에 있는 사람을 보면 참지 못하는 경향이 있다. 그 사람보다 자기가 서열이 낮은 것은 단순히 운이 없어서 그런 것뿐이라고 생각한다. 그런 마음이 서열로 인한 갈등을 부채질한다. 조직은 서열과 위계질서에 의해서 돌아가는데 자신이 서열이 낮다는 것을 인정하지 못함으로써 계속해서 조직에 갈등이 조성되는 것이다.

　조직에서 아무리 공식적으로 서열을 정했다 해도 그러한 서열을 인정하지 않으면 결국에는 마음의 갈등으로 인하여 심한 갈등상태에 빠지게 된다. 마음의 갈등으로 인하여 서열을 쉽게 인정하지 못하는 것이다. 그로 인하여 갈등 관계가 심화되고 일상생활 속에서도 서로 간에 보이지 않는 알력 싸움으로 인해 무모하게 힘을 낭비하게 됨으로써 조직력을 약화시키는 걸림돌이 된다.

　서열이 정리되지 않고 있다는 것은 교통 규칙을 지키지 않고 차들이 뒤죽박죽된 상태를 의미하고 교통 체증으로 인하여 도로가 마비되어 있는 상태를 의미한다. 모든 갈등의 80퍼센트는 서열 때문에 발생한다. 그러므로 조직의 갈등을 없애기 위해서는 가장 먼저 조직원들의 서열 정리를 잘해야 한다.

12. 나서서는 안 되는 시점이 있다

　논어에서 공자가 말하기를 남이 나를 알아주지 않아도 성내지 않는 사람이 군자라고 말한다. 또 남이 나를 알아주기 이전에 자기가 먼저 남을 알아주는 사람이 되어야 한다고 말한다. 그렇다. 내가 먼저 남들이 알아주는 사람이 되려고 하기보다 남을 먼저 알아주는 사람이 되어야 한다.

| 남이 알아주지 않아도 성내지 마라 |

　남이 나를 알아주지 않아도 성내지 말자. 남이 나를 알아주지 않는다고 서운해하지 말고 자기가 먼저 남을 알아주도록 해야 한다. 또 남이 알아주기를 바라는 것보다 자기가 다른 사람에게 인정받을 수 있을 정도의 자격을 가졌는지를 돌아봐야 한다. 그것이 자기를 낮은 곳에 임하게 하는 첫걸음이다. 즉 그런 마음자세를 갖는 것이 중요하다.

　주변을 보면 열정을 다해 일을 해 놓고 자화자찬하는 사람이 있는데 그런 사람이 대표적으로 자기가 하는 일을 남이 알아주었으면 하는 사람이다.

성서에 '오른손이 하는 일을 왼손이 모르게 해야 한다.'는 말이 있듯 자기가 공을 세웠어도 공치사를 하지 않고 모름지기 조용히 있는 사람이 자기를 낮추는 사람이다. 즉 묵묵히 자신에게 주어진 일에 혼신의 힘을 다하되 그러한 것을 다른 사람에게 내색하지 않는 사람이 오른손이 하는 일을 왼손이 모르게 하는 사람이다.

그렇다고 모든 경우에 나서지 말라는 것은 아니다. 치고 나아가야 하는 경우에는 나서야 한다. 꿔다 놓은 보릿자루 마냥 계속해서 골방에 갇혀 있듯이 숨어서 지내는 것은 옳은 처사가 아니다. 적정한 시점에는 나서야 한다.

| 널리 자기를 홍보하라 |

요즘은 자기 홍보 시대라고 말한다. '우는 아이에게 젖을 물린다.'는 말이 있듯 자기가 한 것을 남이 알아주기를 바라는 마음에 그것을 알리려고 한다. 그것을 통해서 인정의 욕구를 만끽하려는 것이다. 남의 시선과 집중을 받고 다른 사람들의 부러움을 받고 싶어 하고 다른 사람에게 인기 있는 사람이 되고 싶은 것이 인간의 본능이다. 자기가 하지 않는 것도 부풀려서 거짓으로 남에게 자랑하는 세상인데 하물며 자기가 행한 것을 알리려고 하는 것은 어쩌면 당연한 처사다.

페이스 북과 카카오 스토리와 같은 소셜 네트워크를 통해 나르시시즘을 채우려는 것은 남에게 자기를 알리려고 하는 인간의 본능에서 비롯된 행위라고 볼 수 있다. 경영의 그루로 불리던 피터 드러커는 21세기는 '표현의 시대'라고 말한다. 또한 디자인의 시대라고 한다. 같은 제품도 어떻게 디자인을 하는가에 따라서 그 가치가 천차만별 차이를 보이는 것이다. 그토록 표현이 중요시되고 있다.

이렇게 사람들이 자기를 표현하는 궁극적인 이유는 자기를 다른 사람이 알아봐 주기를 바라는 마음에서 비롯된다. 직장 생활을 하다 보면 평상시는 빈둥빈둥 놀다가 상사가 오면 열심히 일하는 척하는 사람이나 다른 사람이 보지 않을 때만 신호 위반을 하는 사람 등은 남의 눈을 의식하는 사람이다. 남이 있든 없든 남이 보든 보지 않든 자기가 해야 하는 바를 올바르게 행하는 사람이 신독(愼獨)하는 사람이고 그런 사람들은 다른 사람이 알아주지 않아도 자기에게 주어진 바를 소리 소문 없이 해내는 사람이다.

| 타인의 나르시시즘을 챙겨 줘라 |

사람들은 자기가 가만히 있어도 다른 사람이 자기를 알아봐 주기를 원한다. 또 자기가 가만있어도 다른 사람이 먼저 인사하고 알아봐 주기를 바란다. 인기 스타나 유명세를 갖고 있는 사람은 다른 사람들이 자기를 알아봐 주지 않으면 서운해한다. 자기 같은 유명 스

타를 다른 사람이 몰라본다는 것에 대해서 스스로 서운해하는 마음을 갖는다. 또 특정 권좌에 오르면 사회적인 지위에 버금가는 정도의 혜택을 누리고 싶은 것이 사람들의 속성이다.

만약 대학교수를 '교수님'이라고 부르지 않고 '아저씨' 혹은 '아줌마'라고 부른다면 교수인 당사자는 큰 충격을 받을 것이다. 자기가 교수답지 않게 보이는 이미지라는 것에서 가장 먼저 실망할 것이고 다른 사람들이 자기를 교수로 인정하고 있지 않다는 사실에 더 크게 실망할 것이다. 교수로서의 역할과 책임을 먼저 생각하는 것이 아니라, 다른 사람이 자신을 교수로 보는지 아닌지가 더 중요한 것이다.

돈을 가진 사람도 마찬가지다. 다른 사람들이 자기가 돈이 많다는 것을 알아주기를 원한다. 그래서 좋은 차를 타고 남보다 더 호화로운 곳에 살면서 사치스럽게 생활한다. 남들이 자기가 돈이 많은 사람이라는 것을 알아봐 주기를 원한다. 아무리 많은 돈을 가지고 있어도 다른 사람들 눈에 돈이 없는 사람처럼 비춰지면 돈이 없는 사람으로 취급을 받을 수밖에 없다. 부자들은 그것을 경험을 통해서 알기에 돈이 없어도 돈이 있는 것처럼 허세를 떨기도 한다. 자기가 가진 돈의 액수가 아니라 상대방이 믿고 있는 돈의 액수가 처세에 영향을 주기 때문이다.

그런 사람은 다른 사람에게 자기를 드러내고 다른 사람에게 우아하게 보이는 것을 행복으로 삼는다. 즉 다른 사람에게 자기를 내보이고 다른 사람이 자신을 우러러보는 그 자체를 행복으로 생각한다. 왜냐하면 그런 사람들은 인정의 나르시시즘이 유독 강하기 때문이다.

  권력자의 경우 자기가 사무실에 들어왔는데 다른 사람들이 자기를 알아봐 주지도 않고 전혀 관심도 보이지 않으면 서운해서 성을 내기 마련이다. 겉으로 표현하지 않더라도 속으로는 아주 괘씸하게 생각할 것이다. 또, 회식 자리에서 자기가 상사인데 부하 직원들이 자기가 오기도 전에 먼저 음식을 먹은 경우, 자기가 퇴근하지 않았는데 아무 말도 없이 퇴근하는 모습을 보면 아마도 모멸감을 느끼는 경우도 있을 것이다.

  '어제 신문 1면에 크게 보도되고 9시 뉴스에도 나왔는데 그런 나를 몰라보다니!', '내가 얼마나 위대한 사람인데 그런 나를 몰라보다니!'라고 하는 사람들은 본래부터 남을 멸시하고 괄시하고 다른 사람을 짓밟는 속성을 지녔다. 그러므로 다른 사람이 능히 알아보지 않아도 자기가 나서서 자기가 이런 사람이라고 나서서 말할 필요 없다. 그냥 시간이 지나면 자기가 감추려고 해도 남들이 알게 될 것이라는 것을 알아야 한다. 낭중지추(囊中之錐)라는 말이 있듯 뾰쪽한 송곳은 주머니에 넣어서 감추려고 해도 돌출되어 빠져나오기 마련이다.

  얼마 전 텔레비전에서 사극 드라마 '옥중화'를 보는데 극중의 문정왕후의 동생인 윤원형이 감옥에 갇히게 되었다. 그런데 하늘에 날고 있는 새도 떨어뜨릴 수 있는 권세를 가진 윤원형을 감옥의 죄수들이 몰라봤던 것이다. 오히려 윤원형은 자신이 윤원형이라고 말을 했다가 윤원형을 사칭한다면서 다른 죄수들에게 봉변을 당했다.

그 장면을 보면서 두 가지를 느꼈다.

첫째는 사람들은 사람을 평가할 때 현재 입고 있는 옷 등의 표면적인 이미지와 현재 어떤 장소에서 일을 하고 있는가로 그 사람을 평가한다는 것이다. 즉 사람들은 그 사람이 실제로 어떤 사람이고 어느 정도의 잠재 능력을 가진 사람이라는 것을 알지 못하고 당장 눈에 보이는 것으로 그 사람을 평가한다는 것을 느꼈다.

둘째는 사람들이 자기를 당연히 알아볼 것이라고 착각하지 말아야 한다는 것이다. 자기가 아무리 많은 권세를 가졌고 필히 자기를 알려야 하는 시점이 아닌 경우나 자기가 자기 신분을 공개해도 다른 사람이 그것을 받아들일 수 없는 환경이라고 생각한다면 주어진 현실에 먼저 흡수되어 가는 것이 중요하다는 것을 느꼈다.

조선 시대 암행어사가 아무 때나 암행어사 마패를 보였다가 쥐도 새도 모르게 죽은 경우도 있다. 탐관오리를 옥죌 수 있는 환경을 조성하고 방자를 포함하여 어사를 따르는 포졸들이 나타났을 때 암행어사 출두를 외쳐야 한다. 이렇듯 자기를 알리기 위해서는 준비가 되어 있고 상대방이 그것을 받아들일 조건이 마련되어 있는 상태에서 자기를 알려야 한다.

역사적으로 볼 때 높은 곳에 임하는 사람보다 높아도 낮은 곳에 임하는 사람들이 권력을 오래도록 유지했던 전례가 있는데, 낮은 곳에 있어야 사방에서 수없이 날아오는 화살을 예측하고 온전하게 피할 수 있었기 때문이다. 즉 화살을 피할 수 있도록 자기를 웅크리고 있었기에 다른 사람의 시기와 질투의 화살을 피할 수 있었던 것이다.

 자기를 낮추자. 또 섣불리 나서지 말아야 한다. 특히 적응되지 않은 상태에서는 결코 나서지 말아야 한다. 또 나서고 싶어도 실(失)이 많다고 생각한다면 낮춰라. 단순히 낮추는 것이 아니라 전략적으로 낮추어야 한다.

13. 돈 벌면서 천대받고 돈 쓰면서 환대받는다

사람은 돈과 권력이 생기면 딴생각을 한다. 착하게 잘 지내던 사람도 돈이 생기고 권력을 잡으면 눈알이 돌아 버린다고 말한다. 권력을 잡으니 다른 것이 보이지 않는 것이다. 그야말로 딴사람이 된다. 돈과 권력이 손에 들어오니 완전히 눈에 뵈는 것이 없어진다. 그럴 때 우리는 안하무인이 된다고 말한다. 돈 위에 사람이 있는 것이 아니라 사람 위에 돈 있고 사람 위에 권력 있다. 돈만 있으면 사람의 목숨도 사고 권력도 산다. 그야말로 돈이 전부다. 그러다 보니 서열이 낮든 개고생을 하던 돈이 많으면 된다는 생각으로 돈에 환장한 사람들이 많다. 그래서 돈을 벌 때는 돈이 있는 사람으로부터 천대를 받으면서 돈을 모으고 그 돈으로 인해 다른 사람에게 환대를 받으면서 산다.

| 가난했을 때를 돌아봐라 |

문제는 돈이 생기면 다른 사람에게 환대만을 받으면서 살아야 하는데 돈이 없을 때 천대 받은 것에 대한 앙갚음을 하겠다는 생각으로 사는 것이 문제다. 자기가 돈이 생겼으니 딴생각을 하는 것이다. 개구리가 올챙이 시절을 생각하지 못한다는 말이 있듯 그간에 천대 받으면서 돈을 벌 때는 앞으로 부자가 되어도 결코 가난한 사람을

멸시하지 않고 구박하지 않을 것이라고 생각했는데 돈과 권력이 생기니 그런 것을 까마득하게 잊어버리는 것이다. 그래서 가난한 시절에 자기가 천대받았던 아픔을 잊어버리고 강자의 위치에서 곤충의 다리와 날개를 자르면서 가지고 노는 사람과 같이 가난한 사람을 자기 마음대로 조종하며 노는 것이다.

 화장실에 들어갈 때와 나올 때가 다르다는 말이 있듯 사람들은 각자가 처한 상황에 따라 변한다. 특히 권력과 돈이 생기면 자기도 모르는 동물적인 본성을 내보이기 마련이다. 그래서 예로부터 그 사람의 진면목을 알아보기 위해서는 그 사람에게 돈과 권력을 쥐어 주라고 말한다. 돈과 권력을 쥐어 주면 사람은 본성을 드러내기 때문이다.

 그러므로 부자가 되면 가난했을 때를 생각해야 한다. 권력을 가지면 권력을 가진 사람에게 억압받았던 생각을 해야 한다. 그러한 생각이 분노를 일으켜서 그에 대한 앙갚음을 하겠다고 생각하는 것은 잘못된 생각이다. 부자가 될수록 더 유연해야 한다. 진정으로 강한 부드러움은 강함에서 유발된다. 가난하고 돈이 없는 사람의 겸손보다 돈 있고 권력이 강한 사람이 가지는 겸손이 더 값진 겸손이다.

 이처럼 가진 자가 베푸는 덕성은 당장은 그에 대한 은덕이 빛을 발휘하지 못하지만 시간이 지나면 그 덕성이 크게 빛을 발휘한다. 익명으로 거액을 헌금한 사람이 몰락하고 무너졌다는 소식보다는 돈이 많고 거대한 갑부가 한번에 몰락했다는 소식이 더 많다.

세상이 아무리 이기주의가 팽배하고 부익부 빈익빈 현상이 사회 문제로 대두되고 있지만 그래도 착한 사람은 복을 받고 악한 사람은 벌을 받는다는 권선징악(勸善懲惡)은 시간이 흘러도 변함없는 진리다. 아직도 정의는 살아 있다. 아니, 사람에게는 양심이라는 것이 있어서 언젠가는 느끼게 되어 있다.

| 돈과 권력은 돌고 돈다 |

돈과 재산과 권력에 양심이 가려 일시 잠깐 양심이 외도를 하더라도 시간이 지나 철이 들고 돈과 재산과 권력이 아무짝에도 소용이 없어지는 시기가 도래하면 분명히 통한의 후회가 밀려올 것이다. 그러므로 그 시기가 도래하기 전에 후회할 짓은 하지 않는 것이 좋다. 후회라는 병은 그 무엇으로도 치유되지 않는다. 후회를 치유할 수 있는 약은 없다. 단지 후회하지 않도록 현재 자신의 돈과 권력을 잘 활용해야 한다. 즉 돈과 권력을 선을 위하고 약자를 위하여 사용해야 한다. 선함은 가난과 질병을 겪고 있는 사람 중에 있다. 가난으로 쪼들리고 질병에 걸린 사람은 영혼이 맑은 사람이다. 그러므로 그런 사람들과 가깝게 지내야 한다. 그런 사람으로부터 멀어지면 멀어질수록 자기 스스로 자기를 죽음의 벼랑 끝으로 몰아가는 것이라고 볼 수 있다.

많은 부자들이 자신의 돈과 재산을 관리하는 재산관리인을 별도로 채용하고 자기의 건강을 돌보고 오래 살기 위해 주치의를 채용하고 있다. 또 자기 권력을 유지하기 위해 측근에 집사를 둔다. 하지만 정작 자기 마음의 청렴성을 유지하고 초심을 유지하기 위해 사람을 채용하는 사람은 많지 않다. 자기 마음은 자기가 잘 다스릴 수 있다고 스스로 착각한다. 또 돈과 권력이 인품이고 그것이 마음이라고 착각한다. 돈과 권력을 쓰는 것이 마음을 쓰는 것이라고 생각한다. 그래서 사랑하는 자식에게도 인간적인 사랑을 베풀기보다 돈으로 사랑을 표현한다. 어느덧 돈과 권력에 중독되어 모든 것이 돈과 권력으로 해결되고 대체 가능할 것이라고 착각한다. 돈과 권력이 사람을 망치는 것이다. 그러므로 더 큰 돈과 권력이 오기 전에 평상시 돈과 권력의 노예가 되지 않도록 자기를 단련해야 한다.

가장 좋은 방법은 현재가 제일 많은 돈과 권력을 가진 시기라고 생각하는 것이다. 현재 자기가 처한 위치는 가난하게 사는 사람에게는 로망이 되고 꿈이 되고 목표가 되는 자리일 수 있다. 지금보다 훨씬 돈을 많이 벌고 더욱 높은 자리에 승진해서 잘할 것이라는 생각은 하지 말자. 지금 현재가 가장 많은 돈을 가진 시점이고 다른 사람들에게 미치는 영향력이 가장 큰 시점이라고 생각해야 한다. 그렇다. 현재 잘해야 한다. 앞으로 잘하는 것이 아니라 현재 잘해야 한다. 현재 하지 못하는 것은 앞으로도 하지 못할 확률이 높다.

14. 건들지 않는다는 메시지를 건네라

　용의 역린(逆鱗)과 잠자는 사자의 코털은 건드리지 않는 것이 좋다. 그것을 건드리는 순간 위험한 상황에 처하게 되기 때문이다. 마찬가지로 서열이 높은 사람의 아킬레스건이나 자리는 넘보지 않아야 한다. 특히 새로이 조직에 들어간 경우에는 더더욱 그런 낌새를 보이지 않아야 한다. 자기는 그런 조직의 알력과 세력 싸움에는 전혀 관심이 없음을 알려야 하고 기존의 기득권을 유지하고 있는 당신들의 권리를 충분히 인정해 주면서 결코 당신들의 기득권에 저항하거나 그 권리를 빼앗으려 하지 않는다는 의사를 묵시적으로 표현해야 한다. 아울러 기득권에 관심이 없으니 자기를 권력의 서열 싸움에 끌어들이지 말라는 메시지를 전달해야 한다.

　서로가 이익을 추구하기 위해서 너무 가깝지도 않고 너무 멀지도 않은 적정한 거리를 유지하는 것이 좋다. 난로와 너무 가까우면 뜨겁고 너무 멀리하면 추워지듯 권력이라는 것도 그러하다. 기득권이 높은 서열에 있는 사람과 권력에 너무 신경 쓰고 집착하면 서열 높은 강자에게 내몰림을 당할 수도 있다. 그러므로 어느 정도는 적당한 간격을 유지하는 것이 좋으며, 서로 다툼을 하지 않으면서 자기 실력을 기르는 데 주력해야 한다.

| 힘이 있어야 한다 |

그러기 위해서는 일차적으로 자기에게 강한 파워가 있어야 한다. 자기에게 파워가 있어야 다른 사람들이 함부로 건드리지 않는다. 새로운 조직에 들어가서도 기존 세력들이 함부로 대하지 못할 정도의 파워를 가지고 있어야 한다. 그래서 당신을 함부로 건드려서는 안 되는 사람임을 드러내야 한다. 그렇지 않으면 호시탐탐 자기 세력으로 끌어들이기 위해 혹은 자기가 지침을 내리고 지시하면 언제든 자기의 말에 순순히 순응해야 하는 사람으로 생각하고 함부로 대한다. 또 자기가 언제든지 마음만 먹으면 마음대로 할 수 있는 사람으로 오판한다. 그러므로 다른 사람이 함부로 할 수 없을 정도로 다방면의 파워를 가지고 있어야 한다. 그 파워는 인맥이 될 수도 있고 아는 정보 혹은 사회적인 명성이 될 수도 있다. 그 사람은 참으로 귀한 사람이고 자기들과는 다른 세계에서 사는 사람이며 이런 곳에서 일할 사람이 아니라 언젠가 기회가 되면 다른 좋은 곳으로 이동할 사람이라는 생각을 갖게 해야 한다. 그래야 기존의 세력들이 함부로 하지 못한다. 이에 더하여 자기 역시도 기존의 세력을 존중해 주고 그들과 갈등 관계에 놓이지 않도록 적정 거리를 유지해야 한다.

고수는 고수를 알아보고 강자는 강자를 알아본다. 사람에게는 보이지 않는 기운이 있어서 상대방이 어느 정도의 내공을 가지고 있는 사람인지는 서로가 잘 안다. 그러므로 목계(木鷄)처럼 조용히, 산처럼 장중하게 있는 것이 좋다. 또 가만히 있어도 다른 사람이 함부로 범접할 수 없는 기풍을 지니고 있어야 한다. 그래야 기존 세력으로 부터 자기를 방어할 수 있다.

  결국 다수의 기득권 세력과 조화와 균형을 유지하기 위해서는 우선적으로 자기 자신에게 힘이 있어야 한다. 자기 힘이 강해야 다른 사람들이 함부로 치근대지 않는다. 아울러 상대방에게 허점을 보이지 말아야 한다. 일단 상대방은 허점이 보이면 그 허점을 계속해서 노리는 경향이 있다. 하이에나처럼 끈질기게 약점을 파고들 것이다. 그러므로 약점이 잡히지 않도록 주의해야 한다. 또 상대방의 약점이 무엇인지를 알아야 한다. 누구에게나 약점이 있고 남에게 알리고 싶지 않은 아킬레스건이 있기 마련이다. 그러므로 언제 어느 때 위험한 상황에서 비상으로 쓸 수 있는 수단은 두어 개 가지고 있어야 한다. 그래서 상대방으로 하여금 자칫 자기가 무리하게 공격하면 오히려 역공을 당할 수 있다는 생각을 갖게 해야 한다. 말은 하지 않지만 소리 없이 경고 신호를 보내는 것이다.

  만약의 경우 상대방으로부터 공격의 낌새가 보인다면 따끔한 맛을 보여야 한다. 그것도 즉시 반응을 보이기보다는 어느 정도 참을 때까지는 참는 것이 좋다. 자기가 따끔한 맛을 보여도 되는 시점, 아무리 참고 참아도 더 이상 참다가는 낭패를 보게 될 것이라는 생각을 든다면 즉시 역공을 가해야 한다. 주변의 지지와 함께 자기에게 명분이 서는 시점에 다다르면 다른 사람의 지원과 협조를 받아서 거세게 공격해야 한다. 그러기 위해서는 명분이 있을 때까지 참고 기다려야 한다. 제 3자의 지원이 있을 때까지 참아야 한다. 또 상대방이 곤란한 상황에 처할 때까지 참아야 한다. 객관적으로 볼 때 상대방이 하는 행위가 너무한다고 느낄 정도까지 기다려야 한다.

평소에는 모든 것을 참지만 그렇게 하면 자기에게도 특단의 조치를 취할 수 있는 수단이 많다는 것을 은연중에 알려야 한다. 그래야 상대방이 당신을 함부로 깔보지 않을 것이다.

| 본연의 업무에 집중하라 |

조직에서 기득권 세력들이 신진 세력들과 서로 경쟁하는 것은 서로간의 세력을 확보하기 위해서다. 기존 세력들은 신진 세력에게 자리를 빼앗기지 않으려고 하고 신진 세력들은 기존 세력에게 무시당하지 않고 자기 자리를 차지하려고 하는 것이다. 문제는 서로가 양보하면 좋은데, 서로가 양보하면 상대방이 순순히 양보한 사람을 우습게 볼 것이고 그로 인하여서 다음에도 또다시 양보해야 하는 등 계속해서 양보를 요구할 것이라고 서로 생각한다. 그래서 한번 밀리면 계속해서 밀릴 수밖에 없다고 생각하기 때문에 밀리지 않으려고 한다.

조직에서 세력 싸움으로 서로 이전투구를 벌이다 보면 서로가 정해진 업무를 하지 못하고 본질에서 벗어나 일이 아닌 다른 쓸데없는 곳에 신경 쓰는 상황에 이르게 된다. 정작 해야 하는 본연의 업무를 하지 못하고 쓸데없는 곳에 신경 쓰게 되는 것이다. 그러면 개인도 조직도 손해다. 그래서 대부분의 직원들이 일보다는 사람간의 세력 싸움에서 오는 스트레스로 인해 퇴직을 한다. 회사가 좋아서 혹은 해야 하는 일이 좋아서 입사했다가 사람이 싫어서 퇴사하는 것이다.

 일반적으로 사람들은 자기에게 이해관계가 없다고 생각하거나 자기와는 손익의 갈등 관계가 아니라고 생각하는 사람에게는 신경을 쓰지 않는다. 자기와 하등의 관계가 없다고 생각하는 사람이 죽으면 별달리 슬퍼하지 않는 것처럼, 조직에서도 자기와는 전혀 싸울 상대가 되지 않고 선의의 경쟁 관계도 아니라고 생각하는 사람에게는 신경 쓰지 않는다. 아울러 현재는 힘이 없어도 나중에 큰 힘을 갖게 될 것이라고 생각하는 잠재적 인재에게는 잘 보이려는 경향이 있다. 미래 가치를 보고 현재 조심하는 것이다. 그러므로 자기가 현재는 미미하나 시간이 지나면 더욱 장대한 사람이 되리라는 것을 상대방이 알도록 해야 한다. 지금은 힘이 약하지만 언젠가는 상대방을 리드하는 권력자의 위치에 오르게 된다는 것을 상대방이 알도록 해야 한다. 그래야 상대방이 당신을 함부로 대하지 못한다.

15. 시끄러울 때는 조용히 숨어 지내라

　직장에서 정치하는 사람들은 일상적으로 자기가 항상 서열을 안정되게 유지할 것 같은 환경에서는 상대방 약점을 수집하면서 조용히 생활한다. 자기의 마각을 드러내지 않고 철저하게 자기를 숨기면서 이중생활을 한다. 마치 자기는 서열에 전혀 관심이 없으며 그저 군자처럼 혹은 요조숙녀나 현모양처와 같은 모습으로 생활한다. 하지만 어느 순간에 자기에게 위기가 닥치고 자기가 처한 환경에서 자기의 서열이 위협받는다고 생각하면 마각을 드러낸다. 그런 사람들은 서열을 유지하고 새로운 판을 짜기 위해 원교근공(遠交近攻)을 비롯한 손자병법에 등장하는 전략을 잘 활용한다. 즉 주변에 자기의 영향력이 미치는 범위의 모든 권력기관이나 권력자를 활용하여 자기 목표물을 파괴시킨다. 그것도 아주 치밀하고 전략적으로 말이다.

| 적정한 거리를 유지하라 |

　일례로 직장에서 조직 변경으로 인해 자기의 입지가 좁아질 것이라고 생각하면 그런 사람들은 자기에게 유리한 새 판을 짜기 위해서 치밀하게 전략적으로 접근한다. 가히 사람의 탈을 쓰고서는 전혀 하지 말아야 하는 비도덕적이고 비양심적인 일도 마다하지 않고 그런 일을 벌인다. 자기의 권력을 유지하고 자기의 세력과 서열을 유지하기 위해서 수단과 방법을 가리지 않는다.

 그런 사람들이 자주 자기 서열을 유지하기 위해서 활용하는 전략은 원교근공과 차도살인의 전략이다. 자기 서열에 위협이 되고 자기가 새로운 환경을 조성하는 데 방해될 사람들이 누구인가를 정해서 자기 나름으로 살생부를 만들고 그 명부에 올라온 사람들을 제거하기 위해서 별의별 수단을 강구한다. 그때 가장 우선적으로 취하는 것이 자기에게 도움이 되고 자기가 영향력이 미치는 모든 관련 부서의 사람들을 이용해서 적을 압박하고, 자기가 아는 인사 부서나 감사 부서 등 권력 기관의 힘을 빌려서 상대방을 압박하는 것이다. 참으로 나쁜 사람들이다. 같은 동료로서 함께 월급 받고 함께 생활하는 곳에서 자기 사익을 챙기고 자기의 서열을 유지하기 위해 인정사정없는 짓을 한다니 참으로 안타깝다. 그런데 한편으로 생각하면 이해가 갈 만하다. 사람은 자기가 가진 권력을 놓으려고 하지 않을 것이고 평생 일궈 온 직장에서 쌓은 권력과 영향력이 머지않아 다른 사람에게 넘어갈 것이라고 생각하면 아마도 피가 거꾸로 솟을 정도로 화가 날 것이다.

 그들은 숱한 중상모략으로 한 사람을 만신창이가 되도록 핍박하고 그 사람이 하고 있지도 않는 일을 하고 있다고 말한다. '벌모−벌교−벌병−공성'의 전략에 준하여 순차적으로 전략과 전술을 구사한다. 그러면서 자기가 목표물로 정한 사람이 무너지고 고꾸라지는 것을 옆에서 지켜보면서 통쾌하게 생각하는 잔인한 사람이다.

그러므로 그런 사람들과 함께 직장 생활을 하고 있다면 한없이 머리를 숙여야 한다. 그런 사람들의 서열을 인정해 주어야 한다. 그래야 조직 변경이나 인사이동으로 인하여 새 판을 짜야 하는 환경에 처했을 때 그들의 희생양이 되지 않는다.

정치를 하고 서열과 권력에 편승된 생활을 하는 그런 류의 사람들은 자기의 서열에 지장을 초래하거나 자기 권력이 누수 되는 징후를 귀신같이 안다. 또 환경적으로 변화할 때 어떤 사람을 공략하고 어느 곳을 공격해야 할지를 눈치 채는 동물적인 감각을 지녔다. 그러므로 그런 사람과는 적이 되지 않도록 자기를 낮추고 숨겨야 한다. 친구로서 친하게 지낼 사람도 아니고 그야말로 얼굴도 보기 싫을 정도로 상종하지 못할 간교한 사람이지만 그런 사람을 적으로 삼지 말아야 한다. 마치 아군인 척해야 한다. 자기는 언제든 당신이 시키는 대로 잘 따르는 사람이라는 것을 항상 평상시에 인식하게끔 해야 한다.

그런 사람과는 '불가근불가원(不可近不可遠)'이라는 말이 있듯 적정한 거리를 유지해야 한다. 너무 멀지도 않고 너무 가깝지도 않게 지내야 한다. 더욱 좋은 것은 자기는 그 사람의 편이라는 것을 은근히 알려야 한다. 또 다른 사람들이 그 사람을 나쁘게 말해도 자기는 그 사람을 아주 좋은 사람으로 본다는 것을 그 사람에게 알려야 한다. 그러면 그 사람에게 인정받게 될 것이다.

| 올가미에 걸리지 않도록 주의하라 |

 권력 욕구가 강하고 자기 서열을 유지하는 데 혈안이 되어 있는 사람은 아주 치밀하게 전략을 구사한다. 그런 사람들이 전략을 구사할 때는 대개 다음과 같은 방법으로 그 사람을 내치고 새로운 환경에서 자기의 권력을 의연하게 차지한다.

 먼저 적이라고 생각하는 사람과 아군이라고 생각하는 사람, 그리고 적도 아니고 아군도 아닌 사람을 먼저 분류한다. 그런 식으로 공격 포인트를 잡고 자기를 도와줄 사람이 누구인가에 파악한 연후에 전략을 세운다. 특히 직장에서는 정치를 하는 사람들이 자주 관계를 맺는 곳이 인사 부서와 감사 부서다. 그런 사람들은 그런 사람들과 아주 친근한 관계를 유지한다. 평소에 그런 사람들과 좋은 관계를 유지하고 있다가 자기가 필요한 상황에서는 그런 사람들의 협조를 구한다. 직장이나 조직에서 제일 무서운 곳이 인사와 감사 부서가 아닌가. 직원들이 그러한 부서의 말에 순종하고 그런 부서에서 내려온 지침에 대해서는 잘 따른다는 것을 최대한 잘 활용한다. 아울러 자기가 그런 정치적인 사건을 유발시켜도 그것을 묵인해 줄 상사를 택한다. 다시 말해 자기가 사전에 상사에게 그런 일을 벌일 것이라는 것을 보고하고 그 상사가 자기가 하는 일에 대해서 전혀 접근하지 않도록 한다. 만약의 경우에 그 상사가 허락을 하지 않고 거부하면 그 상사의 상사를 설득해서 그 상사를 강 건너 불구경하는 허수아비로 만든다. 그런 인프라를 먼저 구축하고 일을 벌인다.

또 자기에게 변화된 환경에 이득이 되는 사람들에게 철저히 이익을 주는 방향으로 전략을 수립한다. 목표물을 제거함으로써 이익을 보게 되는 사람, 그리고 평상시 공동의 적으로 생각하는 사람들과 서로 공존·공생하면서 전략적으로 제휴를 한다. 그런 연후에 본격적으로 일을 벌이는 아주 치밀하고 무서운 사람이라는 것을 알아야 한다.

| 구설수에 올리지 않도록 조심하라 |

삼인성호(三人成虎)라는 말이 있듯 세 사람이 있으면 없는 호랑이도 만든다. 다언삭궁(多言數窮)이라는 말이 있듯 말이 많으면 자주 곤란한 처지에 빠진다. 그런 말의 힘을 아는 사람들이 자주 활용하는 것은 구설수다. 구설수와 입담으로 목표로 지정된 사람을 궁지로 몰아넣는다. 없는 사실을 있는 것처럼 위장하고 아무 일도 아닌 것을 마치 큰 일로 침소봉대해서 과장한다. 말로 인하여 사람을 궁지로 몰아가는 것이다. 그러므로 그런 사람들과 전략적으로 전쟁하는 경우에는 구설수에 말려들지 않도록 조심해야 한다. 자기가 아무리 옳고 정당하더라도 그것은 자기 생각이다. 그런 사람들은 그런 정당함마저 부정으로 만들 수 있다는 것을 알아야 한다. 주관적·객관적으로 생각해도 자기가 하는 행동이 비양심적이고 비도덕적인데도 눈 하나 깜빡이지 않고 태연하게 자기 전략을 취하는 사람이 바로 그러한 사람이라는 것을 알아야 한다. 아주 독한 사람이다. 그런 사람과 함

께 직장 생활을 하는 것은 그야말로 인생 최대의 불행이다. 그런 정치에 휘말리지 않아야 한다.

그런 사람들이 가장 싫어하는 사람은 힘이 커지는 사람이다. 또 자기보다 영향력이 커져 가는 사람을 가장 아니꼽게 생각한다. 그러므로 그런 사람들과 함께 생활할 때는 자신의 발톱을 최대한 숨겨야 한다. 그런 사람들은 자기의 노력으로 인해서 자기가 성장하는 것을 즐기는 것이 아니라 남이 무너지고 다른 사람이 억압당하고 치욕을 당하고 상처가 나서 아파하는 것을 좋아하는 사람이기 때문이다. 당하는 사람의 입장은 전혀 생각하지 않는다. 즉 자기가 다른 사람에게 얼마나 많은 허물과 치욕을 줬는지는 생각하지 않으면서 남이 자기에게 피해를 주는 경우에는 그것을 아주 강하고 깊게 생각하는 사람이다.

그 사람들은 환경이 변화되는 시점을 이용해서 자기의 이익을 취한다. 자기가 취해야 하는 것을 최대한 취한다. 새로운 환경이 변화되고 기존에 자기가 제거한 사람이 가지고 있던 이익을 자기가 취하는 것이다. 그러한 일련의 전략은 연환계(連環計)에 버금가는 정도로 철저하게 준비하고 치밀한 전략에 의해서 실행된다. 그러므로 그런 사람들에게 걸렸다면 미리 발을 빼는 것이 좋다. 그러한 타격을 받아서 아픔을 감내하지 말고 애초에 그런 징후가 보이면 상처를 입기 전에 미리 그 사람이 원하는 것을 해 주는 것이 좋다. 그래야 덜 상처받는다. 기사회생을 할 수 없을 정도로 큰 타격을 받기 전에 발을 빼야 한다. 가급적 그런 사람과는 상종하지 않는 것이 좋다.

어떻게 접근하고 어떻게 전략을 펼쳐야 자기가 살아남을 수 있을지를 동물적인 감각으로 아는 사람이 그런 사람이다. 직장 생활을 하면서 그런 사람과 함께한다는 것은 참으로 불행 중의 불행이 아닐 수 없다.

그런 사람의 그물망에 걸려들었다고 생각하면 줄행랑을 치는 것이 상책이다. 아예 상종하지 말라는 것이다. 그냥 그런 사람이 원하는 것을 주면 된다. 그런 사람들은 자기의 잘못도 잘못이 아닌 것으로 바꿔 줄 수 있는 뛰어난 둔갑술을 지녔다. 상대방을 아주 정신없이 공략한다. 상대방의 입장에서 자기에게 공격을 감행할 수 있는 시간적인 여유를 주지 않는다. 참으로 피도 눈물도 없는 무서운 사람이다. 그런 집단에서 있다면 빨리 빠져나와야 한다. 그런 사람과 일을 하다 보면 일이 아니라 정치 전략적으로 모략하는 것을 우선시하기에 늘 갈등과 스트레스 상황에서 생활하게 될 것이다.

16. 방심하면 대패(大敗)한다

누구에게나 장점과 단점이 있기 마련이다. 또 누구나 잘하는 것이 있고 못하는 것이 있기 마련이다. 강한 곳이 있으면 약한 곳이 있고 산이 높으면 골이 깊듯 강점이 있으면 약점이 있다.

| 누구나 약점이 있다 |

골리앗과 다윗의 싸움에서 알 수 있듯이 약자도 강자를 이길 수 있다. 강자의 약점을 이용하고 강자에게 치명적인 급소를 공략하면 약자도 쉽게 강자를 제압할 수 있다. 또한 강하다는 것은 한편으로는 어느 한쪽에는 약함이 있다는 것을 의미한다. 음양의 조화에 의해서 양이 있으면 음이 있고 양이 강하면 그 이면에는 강한 음이 있다. 그러므로 서열 싸움을 함에 있어서 항상 상대를 얕잡아 보지 말아야 한다.

특히 서열이 높은 곳에 있는 사람들은 서열이 낮은 곳에 있는 사람을 얕잡아 보는 경우가 많다. 자기가 서열이 높으니 모든 면에서 자기가 탁월하고 우수하다고 착각하는 것이다. 하지만 서열이 높은 것은 단순히 일렬종대로 줄을 세웠을 때 연령이나 근속 경력 등 인사평가 점수의 순으로 앞서 있을 뿐이다. 힘이 있고 모든 능력이 탁월하거나 종합적으로 우수한 역량을 지녀서 그 자리에 앉아 있는 것이 아니라는 것을 알아야 한다.

또한 서열이 낮은 사람은 간혹 서열이 높은 사람이 자신에게 잘해주고 샌님처럼 얌전하게 말하고 금방이라도 건들면 툭 넘어질 것처럼 약해 보여도 무시하지 말아야 한다. 약해 보이고 힘이 없어 보인다고 해서 우습게 보지 말라는 것이다. 그런 사람일수록 허점이 많은 것 같고 보기에 어리벙벙하고 빈틈이 많아 보여도 속으로는 치밀하고 철두철미한 경우가 많다. 외유내강(外柔內剛)이라는 말이 있듯이 겉보기에는 아주 부드럽게 보여도 내적으로는 내공이 아주 치밀하고 강한 면모를 가지고 있는 사람임을 알아야 한다.

| 바보처럼 행하라 |

'난득호도'라는 말이 있다. 중국인들 처세술 중 으뜸으로 꼽는 이 말은 바보처럼 행동하는 것은 어렵다는 말이다. 특히 자기가 알고 있는 상황에서 알고 있는 것을 모르는 척하는 것, 잘난 사람이 마치 못난 사람처럼 보이게 하는 것은 참으로 어렵다는 말이다.

마찬가지로, 서열이 높은 사람이 가장 경계해야 하는 것은 바로 자기의 위치에서 자기 서열을 자랑하는 것과 자기보다 서열이 낮은 사람에게 함부로 대하는 것이다. 자기가 서열이 높다고 자기보다 서열이 낮은 사람을 우습게 보다가는 언젠가 큰코다친다. 아울러 자기 서열에 맞는 역할과 책임에 충실해야 한다. 자기 서열 값을 해야 한다. 사람도 사람마다 정해진 역할과 책임이라는 꼴값을 해야 하듯 서열에도 서열에 맞는 꼴값이 있다. 그 값을 잘해야 한다.

 아무리 건강한 사람도 치명적인 암에 걸리면 목숨을 내놓아야 한다. 또 아무리 단단한 댐도 결국은 미꾸라지 구멍에 의해서 무너지기 마련이다. 그러므로 자기가 힘이 있고 자기가 권력이 있고 서열이 높다고 해서 그것을 믿고 상대방을 우습게 생각하지 말아야 한다. 상대방을 우습게 본다는 것은 자기 실력을 자만하는 것이다. 자기 실력을 자만하게 되면 그로 인해서 스스로 자멸하게 된다는 것을 알아야 한다.

 자기가 힘이 있다고 다른 사람을 우습게 보는 것은 시속 100킬로미터 이상의 속도로 도로 주변을 보지 않고 주행하는 것과 같다. 그로 인해서 대형 사고의 우려가 있다. 마찬가지로 자기가 힘이 있다고 상대방을 우습게 생각하는 것은 자기의 빈틈을 드러내는 것과 같다. 권투 선수가 상대를 얕보고 방어 없이 상대방을 공격하다가 결정적인 순간에 카운트 펀치를 맞는 것처럼, 상대방을 우습게 생각하면 자기도 상대방에게 카운트 펀치를 맞을 확률이 있다는 것을 알아야 한다.

 전쟁 역사를 들여다보면 상대방을 우습게 생각했다가 패한 경우를 많이 볼 수 있다. 상대방보다 수백 배의 인원이 많다고 자만한 나머지 단 한 명의 생존자도 없이 전멸하는 경우도 있다. 또 스포츠 시합을 보면 상대방보다 실력이 약한 팀이 자기 팀보다 수십 배 강한 팀을 이기는 경우도 있다. 자기가 아무리 힘을 가지고 있어도 상대방을 우습게 보는 순간 그 힘은 10분의 1의 크기로 줄어든다는 것을 알아야 한다.

| 방심하지 마라 |

방심은 금물이다. 아무리 생산 현장에서 장기간을 근무해서 경험이 풍부하더라도 방심하는 순간 안전재해에 무방비 상태로 놓일 수밖에 없다. 마찬가지로 경험이 많고 실력이 있고 서열이 높다고 방심하면 공식적인 리더의 언행보다는 사적이고 지극히 인간적인 언행을 구사하게 되고 이성으로 통제되고 절제된 언행을 하기보다는 자기감정이나 본능에 의한 언행을 구사하게 된다. 특히 서열이 높은 리더의 자리에 있는 사람은 자기보다 서열이 낮은 사람들의 우상이 되어야 하고 모범이 되어야 한다. 그런데 그런 우상이 되기보다 오히려 제멋대로 행동하고 자기 본능적으로 행동한다면 그것은 스스로 자기 인생을 수렁으로 빠뜨리는 형국에 비할 수 있다.

그러므로 서열이 낮은 사람보다 서열이 높은 사람이 더 조심해야 한다. 왜냐하면 서열이 낮은 사람은 일단 서열이 낮은 사람을 대함에 있어서 우선적으로 자기가 부족하고 자기 권력이 약하다는 것을 전제로 자기가 긴장을 하고 자기 방어기제를 충분히 작동하는 상태에서 매사에 임한다. 자기를 위협하는 천적들의 움직임에 민감하고 자기가 어떻게 행동해야 자기를 이겨 내고 지키게 될 것인지를 안다. 그래서 자기 보호 능력이 강하다. 이에 반해 서열이 높은 사람은 늘 서열이 낮은 많은 사람들에게 투명하게 공개되어 있다고 보면 된다. 그래서 많은 사람들의 인기를 한 몸에 받기도 하지만 상대적으로 다른 사람들에게 자기가 너무 노출이 되어 있다는 단점이 있음을 알아야 한다.

| 서열은 조직의 서열이다 |

서열이 있다는 것은 조직이 있다는 것이고 조직이 있다는 것은 서열을 정해야 한다는 것을 의미한다. 서열이 정해졌다는 것은 높은 서열과 낮은 서열이 있음을 의미한다. 즉 조직이 있기에 서열이 정해지는 것이고 그 서열은 조직을 유지하는 데 필요한 시스템과 같은 것이다. 그러므로 본인이 마음대로 조직을 떠나서 자기 서열을 자랑하고 무시하는 생활을 하지 말아야 한다. 이는 서열이 높은 사람들은 조직을 위해서 생활해야 한다는 것을 의미한다. 서열이 낮은 사람도 조직을 위해서 일해야 한다. 조직의 서열이지 개인의 서열이 아니라는 것이다. 그러므로 서열이 높다고 해서 자만하지 말아야 하고 서열이 낮다고 해서 비굴해하지 말아야 한다. 어쩌면 서열이 낮은 사람이 스스로 자기를 비하하고 자격지심을 가지고 있기에 서열이 높은 사람이 서열이 낮

은 사람을 함부로 대하고 우습게 생각하는지도 모른다. 또 서열이 낮은 사람이 서열이 높은 사람을 우습게 보는 것은 조직의 이익보다는 사익을 취하고 조직에 기여도가 낮기 때문인지 모른다.

17. 컨디션이 좋지 않으면 말수를 줄여라

컨디션이 좋지 않을 때는 가능한 한 외출을 삼가야 한다. 특히 나이를 먹을수록 충분한 휴식을 취해야 하는데 쓸데없는 근심 걱정으로 인해 잠을 못 이루는 경우가 있다. 이때는 휴식을 충분히 취하는 것이 우선이다. 아울러 가능한 한 사람들을 만나지 않는 것이 좋다. 특히 자기보다 서열이 높은 사람은 대면하지 않는 것이 자기 신상에 유리하다.

| 부정이 부정을 부른다 |

동물들은 몸이 아프면 자기 아지트로 숨는다. 또 몸이 아플 때는 무조건 쉰다. 그런데 인간은 몸이 아파도 하고자 하는 일에 집착하여 몸을 사리지 않는 경향이 있다. 몸이 아프지만 자기가 하고자 하는 것을 다 마치고 쉴 거라는 생각으로 계속해서 일하는 경향이 있다. 하지만 그것은 장기적으로 볼 때 몸을 혹사시키고 망친다. 그러므로 신체 컨디션이 좋지 않을 때는 무조건 쉬는 것이 상책이다.

직장인의 경우 몸이 아파도 어쩔 수 없이 출근해야 하는 경우가 많다. 특히 전날에 회식을 했다면 전략적으로 다른 날에 비해 빨리 출근해야 한다. 또 아무리 아프고 피곤해도 그런 내색을 하지 않고 묵묵히 자기에게 주어진 일을 해야 한다.

　혹여 몸이 좋지 않은 상태에서 출근했다면 가능한 한 사람들과 접촉하지 않는 것이 좋다. 자기가 컨디션이 좋지 않는 상태에서는 표정이 어두워지고 기분마저 우울한 증상을 보인다. 뭔가 하고자 하는 의욕도 없어지고 어깨가 축 늘어지는 경우도 있다. 그런 경우에는 혼자서 조용히 숨어서 자기에게 주어진 일을 하는 것이 좋다. 괜히 기분도 좋지 않는데 다른 사람을 만나서 대화를 하다 보면 좋지 않는 기운이 상대방에게 전해져 나쁜 이미지를 심어 주게 된다. 그러므로 상대방에게 좋은 이미지를 줄 수 있는 기분 상태에 있을 때 상대방 앞에 나서야 한다.

　특히 자기 신체 컨디션이 좋지 않을 때는 자기보다 서열이 높은 사람과는 대면 접촉을 피하고 긴급하게 처리해야 하는 사항은 메일로 처리하는 것이 좋다. 서열이 높은 사람 앞에서 컨디션이 좋지 않는 모습을 보이는 것은 자칫 서열이 높은 사람을 싫어해서 그런 것이라고 상대방이 오해를 할 수도 있다.

　상사에게 좋은 모습과 밝은 표정을 지어도 상사 마음에 들까 말까 하는 것이 직장인데 그런 직장 생활을 하면서 기분이 좋지 않는 모습으로 상사를 대한다는 것은 여러 모로 볼 때 자기에게 손해다. 그러므로 신체 컨디션이 좋지 않을 때는 혼자서 고독하게 있는 것이 좋다. 다른 사람과 말을 섞지 말고 조용히 묵상하면서 자아를 돌아보는 것이 좋다. 그러면 마음이 차분해질 것이다. 또 몸이 좋지 않는 상태에서는 가능한 한 생각에 집중하는 것이 좋다. 몸의 컨디션이 좋으면 생각이 즐거워서 생각이 뛰어놀고 싶어 하지만 컨디션이 좋지 않으면 기분이 가라앉는 대신 생각의 속도가 느려진다. 그때가 이것저것을 돌아볼 수 있는 절호의 기회다.

생각의 속도는 너무 빠르게 하지 말고 늦춰야 한다. 그러면서 자아를 돌봐야 한다. 또 자기 주변에서 무슨 일이 일어나고 있는지를 돌아볼 수 있는 절호의 기회로 삼아야 한다. 자기가 컨디션이 좋지 않으면 마음의 속도가 느려져서 생각을 깊이 할 수 있는 시간이 주어진다.

신기하게도 자기가 컨디션이 좋지 않을 때는 상대적으로 다른 사람의 컨디션이 좋아 보인다. 그래서 괜히 상대방에 대한 미움이 생긴다. 상대방이 호의를 가지고 잘 대해 주는 친절함에도 그다지 고마운 표정을 짓지 않는다. 그러다 보니 상대방 입장에서는 서운하게 생각해 컨디션이 좋지 않는 당신의 모습에서 거리감을 느낄 것이다. 그러므로 가능한 컨디션이 좋지 않을 때에는 다른 사람과의 접촉을 피해야 한다.

컨디션이 좋지 않는 상태에서 사람과 대화하면 말실수를 하게 된다. 상대방이 좋은 의도에서 말을 했는데 좋지 않는 표정으로 상대방 말을 듣고 있으면 상대방 입장에서는 기분 나쁠 것이다. 자기는 아픔도 참고 상대방에게 관심을 보인 것인데 상대는 그런 마음을 알아주지 않고 자기 입장만을 생각한다고 오해하는 것이다.

설령 자기가 컨디션이 좋지 않다고 말을 해도 상대방은 금방 망각하기 마련이다. 상대방이 아프다는 말을 들으면 그 순간 상대방이 얼마나 아프냐고 위로를 하지만 돌아서면 그 사실을 금방 잊는다. 또 오히려 아프다고 말하면 그 바이러스가 자기에게 전염될 수도 있다는 불안한 생각을 갖는다. 그것이 사람의 마음이다.

그러므로 자기가 건강한 상태가 아니라면 칩거하는 것이 좋다. 또 그런 상태로 직장에 출근했다면 조용히 자리에 앉아서 묵묵히 일에 집중해야 한다. 그러면서 자기 생각을 많이 해야 한다. 특히 상사 등 자기보다 서열이 높은 사람의 동선을 예측해서 가능한 한 마주치지 않도록 해야 한다. 또 함께 회의를 해야 하는 상황에서는 상사의 눈에 띄지 않도록 측면에 앉는 것이 좋다. 아울러 상사에게 하고 싶은 말이 있어도 컨디션이 좋지 않는 날에는 자기 생각을 쉽게 꺼내 놓지 말아야 한다. 만약에 급하면 메일로 서면 보고를 하고 다음 날 출근하자마자 별도로 특별 보고를 한다고 사전에 양해를 구한 뒤, 다음날 좋은 컨디션 상태에서 상사에게 대면 보고하는 것이 좋다.

몸의 컨디션이 좋지 않는 상태에서는 다른 날에는 아무런 거리낌 없이 웃어넘길 수 있는 것에도 신경이 과민해지고 날카로워져서 조금만 자기 생각에 토를 달아도 꺼려하게 된다. 신경이 예민해진 탓이다. 그러므로 컨디션이 좋지 않는 날에는 무조건 침묵하고 경청해야 한다. 그러면서 그간에 좋은 기분 상태에 있을 때 생각하지 못한 것들을 생각하면서 자아를 돌아봐야 한다.

| 고통은 높은 서열로 오르는 통로다 |

　고통은 생각하면서 살라는 신호다. 건강하게 살다 보면 자기를 돌아볼 시간을 갖지 못한다. 마찬가지로 고통이 없으면 건강의 중요성을 알 수 없게 되고 자기를 심각하게 돌아볼 기회를 갖지 않는다. 모든 것이 건강하고 잘되어 가는 상황에서 깊이 있게 근심 걱정하면서 궁리하는 사람은 없다. 그런데 자기 몸이 아프고 고통스러우면 생각의 깊이가 깊어지게 된다. 어떻게 할 것인가? 어찌해야 하는가? 어떻게 해야 고통에서 벗어날 수 있을까에 대한 생각을 하게 된다. 고로 자기를 성찰하는 기회이니만큼 잘 활용하여 내면의 강인함을 키워야 한다. 그것이 고통이 주는 이점이다. 고통은 양심을 부르는 보석이다.

　생각을 깊게 하기 위해 일부러 몸을 혹사시키는 사람도 있다. 그런데 중요한 사실은 우리가 평소 컨디션이 좋은 상태에서 산다는 것이다. 그러기에 몸을 혹사시키면서 얻은 감정 상태를 금방 잊는다. 그런데 고통스럽고 몸이 아프면 다시금 생각이 난다. 몸이 아프면 영이 맑아진다는 말은 몸이 아프기에 다른 욕구나 욕망이 생기지 않음을 의미한다. 몸이 아플 때에는 모든 것이 귀찮게 느껴진다. 하고 싶은 마음도 없어지고 무엇을 한다는 것이 무척 귀찮다고 여긴다. 그런 상태인데도 생각은 생생함을 느낀다. 그때가 자기를 성찰하고 돌아볼 수 있는 절호의 기회라고 생각해야 한다.

몸이 아프면 욕심이 없어지고 모든 것을 체념하는 것과 같은 무력감에 빠지지만 그 대신에 영(靈)이 맑아져서 올바른 생각을 할 수 있는 기반이 마련된다. 그러므로 그런 상황에 처하면 다른 사람과의 접촉을 끊고 다른 사람을 멀리서 바라보면서 자신의 내면을 들여다보아야 한다. 그러다 보면 몸은 피곤해도 마음은 편해지는 느낌을 받을 것이다.

컨디션이 좋지 않은 동물이 맹수 주변을 서성이다가는 맹수에게 대책 없이 당하게 된다. 평소 같으면 맹수의 기척이 들리면 직감적으로 줄행랑을 치지만 컨디션이 좋지 않을 때에는 감각기관도 무뎌지게 마련이다. 또 움직임도 민첩하지 않고 둔해진다. 마찬가지로 사람 역시 컨디션이 좋지 않으면 동물과 같은 상태가 된다. 그러기에 컨디션이 좋지 않으면 조용히 숨을 죽이고 있어야 한다. 이는 자기의 생존을 위해서다.

Chapter 2

| 서열 사수에 힘써라 |

Chapter 2

[서열 사수에 힘써라]

1. 지식과 자본이 없으면 서열도 없다

바야흐로 21세기는 지식 자본주의 시대다. 21세기에 살아남기 위해서는 지식이나 돈이 있어야 한다. 이 두 가지 중 서열에 영향을 많이 주는 것은 돈이다. 이제는 돈이 서열을 좌지우지하는 시대다. 자본주의에서는 자본이 있어야 한다. 돈이 있어야 사람대접을 받고 돈이 없으면 사람대접도 받지 못하는 세상이다. 특히 빈익빈 부익부가 가속화됨에 따라 이제는 모든 것을 일등이 싹쓸이하는 시대가 됐다.

| 돈과 서열은 비례한다? |

돈이 제일이고 돈으로 모든 가치를 평가하는 시대여서 이제는 돈이 서열을 좌우한다. 즉 돈이 많으면 높은 서열에 오를 수 있는 가능

성이 높고 돈이 없으면 낮은 서열에 머무를 수밖에 없는 시대가 됐다. 그러기에 높은 서열에 오르기 위해서는 돈이 있어야 한다. 돈이 없으면 높은 서열에 있어도 그 자리를 오래 유지할 수 없다. 설령 좋은 서열에 올랐다고 해도 돈이 없으면 더 이상은 전진할 수 없고, 자기보다 서열이 낮은 사람이 돈이 많으면 그 사람에게 서열을 빼앗길 수밖에 없는 시대가 됐다.

그야말로 서열뿐 아니라 모든 것을 돈으로 해결하는 시대다. 불교에서는 가진 것이 없어도 웃음이나 좋은 말 등 남을 위해서 화안시, 언시, 심시, 안시, 신시, 좌시, 찰시 등 무한정 베풀 수 있는 일곱 가지 보물이 있다고 말하지만 요즘에는 돈이 되지 않으면 그다지 받는 사람의 입장에서도 별로 좋아하지 않는다.

모든 사람들이 이익에 의해 움직이고 있다. 또 그 이익을 주는 것이 돈이면 사람들이 더 좋아하는 경향이 있다. 명절에 세배를 해도 세뱃돈을 주지 않고 덕담만 하면 아이들이 좋아하지 않는다. 또 부모님에게 안부를 전하는 것도 좋지만 이에 더하여 용돈까지 준다면 더 좋아할 것이다. 이토록 모든 것을 돈이 좌지우지하고 있다.

돈이 없으면 사람들이 깔보고 돈이 많으면 인격도 높은 사람이라고 착각한다. 아무리 잘나가는 사람도 돈이 없으면 그에 대한 대접을 받지 못한다. 성품이 좋고 인물이 좋아도 돈이 없으면 한 차원 낮게 본다. 돈이 있으면 어딜 가든 귀빈 대우를 받는다. 서열이 낮아도 돈이 있으면 어딜 가든 극진하게 예우를 받는다. 돈이 없으면 서열이 높아도 그 서열을 인정해 주지 않는 경향이 있다. 그러므로 일단은 돈이 많아야 한다.

　이 세상은 속물 같은 세상이다. 물론 그렇지 않는 사람들도 많다. 돈이 행복의 제일이 아니고 돈이 세상 전부가 아니며 돈에 환장한 사람은 결국 돈으로 인해 불행해진다고 말한다. 그래서 행복 학자들은 행복을 영위하기 위해서는 어느 정도 돈이 있어야 한다고 말한다. 적정한 액수의 돈이 있으면 행복하다고 말한다. 하지만 그렇게 말하는 사람 역시 돈이 없어서 힘든 상황에 처한 적이 있고 돈으로 인해 불행을 겪고 있을지도 모른다. 그냥 말뿐이다. 이론적이고 교과서적인 입장에서 볼 때 돈이 전부가 아니라고 말할 뿐이다. 이제는 공산주의에서도 달러를 벌어들이기 위해 다른 나라에 인력 수출을 하고 있다.

　돈이 자존심이고 국력이다. 공자는 먹고 사는 것이 먼저 해결이 되어야 백성들을 원만하게 통치할 수 있다고 말한다. 그렇다. 먹고 사는 문제가 해결되지 않으면 아무리 좋은 정치를 해도 아무 소용없다. 좋은 정치는 백성들이 잘 먹고 잘살도록 함에 있다. 백성들은 자기들을 배불리 먹여 줄 사람을 원한다. 말만 번지르르한 정치인을 원하지 않는다. 배부르게 해 주는 사람이 정치를 잘하는 사람이다.

　동물은 자기를 예뻐해 주는 사람을 좋아하고 따르는 것이 아니라 자기에게 먹이를 주는 사람을 따르는 것이다. 예뻐하는데 먹이를 주지 않으면 달갑지 않게 생각한다. 하지만 미운 사람도 자기에게 먹이를 주면 그 사람을 따른다. 먹이 주는 사람이 곧 주인이다. 여기서 먹이는 인간에게는 돈이다. 사람도 자기에게 먹이와 같은 이익을 주는 사람을 좋아한다. 무한정 자기를 희생하면서 다른 사람에게 희생할 수는 없다. 자기가 이익을 봐야 한다. 계속해서 자기가 손해를 보는데 아무 감정도 느끼지 않고 무한정 퍼 주는 사람은 없다. 사람이 하는 행동에는 무엇인가 목적이 있다. 그렇게 헌신하는 것 자체가 목적이 될 수 있고 그 사람을 살리는 것이 목적이 될 수 있다. 또한 다른 사람을 도와주면서 자기가 보람과 성취를 느끼기 위해서 그런 경우도 있다.

그런 것도 무형의 이익이다. 우리는 그런 사람들을 선량한 사람 혹은 천사와 같은 사람이라고 말하지만 그런 사람은 소수다. 평균 이상의 사람들은 이익을 취할 때 유형의 이익을 원하는 경우가 많다.

| 사람은 이익에 의해 움직인다 |

한비자에서 말하기를 왕과 신하의 관계도 이익을 얻기 위한 이해관계에서 파생된다고 말한다. 왕은 신하의 충성을 얻기 위해서, 신하는 왕으로부터 신임을 얻기 위해서 서로 관계를 맺는다는 것이다. 삼강오륜 중 군신유의(君臣有義)에서 말하는 바와 같이 임금과 신하는 의로

움에 의해서 관계를 맺어야 하는데 서로 간의 이익에 의해서 관계를 맺는다. 그만큼 사람과 사람의 관계에서는 이익이 매우 중요하다.

　사람과 사람간의 이해관계가 발생되면 항상 그 관계는 대부분 갑과 을의 관계로 발전한다. 채권자와 채무자의 관계, 혹은 협상을 원하는 사람과 협상을 피하는 사람, 설득을 원하는 사람과 설득을 원하지 않는 사람 등 사람과 사람과의 관계에서는 지배층과 피지배층이 형성된다. 그 관계에서 서열이 생긴다. 한두 번의 거래로 인해 서열이 생기지 않는다. 하지만 반복해서 거래하면 서열이 명확하게 구분된다. 처음 거래를 할 때는 말을 잘하거나 잘생기거나 먼저 협상 장소에 도착하거나 연령에 의해 서열이 정해진다. 통상적으로 통용되는 연령이나 선후배 간의 학년 차에 의해 서열이 유지된다. 아니 어쩌면 몇 번 거래를 할 때는 서먹서먹해서 서로가 서로를 어느 정도 배려한다. 하지만 거래 횟수가 늘면 늘수록 그 관계에서는 서열이 명확하게 구분된다. 처음에 걸을 때는 길이 아니었지만 계속해서 오가면 그것이 길이 되듯 계속 거래하면 처음 사적인 서열은 무시되고 결국 업무적인 서열에 의해 서열이 정해진다. 그래서 나이가 많아도 직급이 낮으면 서열이 낮은 위치에 놓이게 된다. 또한 비공식적으로 아무리 서열이 높다고 해도 공식적으로 서열이 낮으면 결국은 공식적인 서열이 서로의 관계를 좌지우지하게 된다. 이때 변수가 돈이다. 돈이 있으면 서열을 바꿀 수 있다. 결국 서열이 낮은 사람들이 서열이 높은 사람을 공략하는 수단은 돈이다. 결국은 돈으로 서열이 높은 사람을 매수한다. 돈이 없다는 것은 질병이다. 아무리 서열이 높아도 돈이 없으면, 그것은 질병과 같다. 가난은 임금님도 해결하지 못하는 지독한 질병이다. 서열이 아무리 높아도 돈이 없으면 서열을 오래도록 유지 못하는 이유가 바로 여기에 있다. 돈이 없다는 것은 이미 병이 들어 있음을 의미한다. 그래서 서열이 높은 사람들이 경제 유력 인사와 결탁하고 뇌물을 받는다. 서열 낮은 사람이 서열에 오르지 못하면 돈으로 그 서열이 높은 사람의 권력을 사 버리는 것이다. 그러기에 돈이 무서운 것이다. 이 점을 감안하여 서열을 가진 사람은 항상 돈의 유혹에 빠지지 않도록 주의해야 하고 돈의 부족과 결핍을 느끼지 않아야 한다.

2. 못 견디게 힘들어도 참고 견뎌라

다른 사람들이 부러워하는 자리에 있다가 본의 아니게 다른 자리로 내려와야 하는 경우가 있다. 그러한 경우 어떻게 행동하는가에 따라 그 이후의 생활이 달라진다. 그 시점이 위기다. 높은 자리에서 낮은 자리로 내려왔을 때 어떤 마음 자세로 생활할 것인가의 결단에 따라 인생의 향방이 달라진다. 그냥 포기하고 체념하면서 생활할 것인지 아니면 이를 갈면서 오기·극기로 미래를 위해서 준비할 것인지는 자기가 어떤 선택을 하는가에 달려 있다.

| 과거의 영광을 빨리 잊어라 |

좋은 서열에서 밀려나 하찮은 서열의 자리에 있다 보면 과거의 좋았던 시절이 그리울 것이다. 인간인 이상 과거의 영광을 잃고 다시 낮은 자리로 내려온 현실을 순순히 받아들이기란 어려운 법이다. 그럼에도 불구하고 과거의 영광을 생각하지 않는 것이 미래의 삶을 위해 꼭 필요하다. 과거의 영광에 얽매여 과거의 추억에 잠겨 있으면 마음만 상할 뿐이다.

부장에서 대기 발령을 받았다든지 권력을 누리다가 다른 사람에게 권력을 빼앗겼다든지 혹은 승승장구하다 자리에서 미끄러져 내려왔다든지 고공행진을 하다가 바닥을 친 경우에는 정신을 바싹 차려야 한다. 마냥 과거의 좋은 시절을 생각하면서 그 시절로 돌아가기 위해서 무모하게 힘쓸 필요 없다. 과거는 과거일 뿐이다. 과거는 과감하게 접어야 한다. 그곳에 복귀하여 다시금 그때 그 시절의 영광을 누릴 것이라는 생각은 하지 말아야 한다. 그냥 현실에서 과거의 영광보다 더 큰 꿈의 자리에 앉기 위해 노력해야 한다. 즉 과거보다 더 좋은 자리를 위해 뛰어야 한다.

 과거에 경험했던 자리는 더 큰 미래를 열기 위한 디딤돌로 삼아야 한다. 과거에 있었던 자리로 되돌아가기 위해 노력한다는 것은 시간을 거꾸로 돌리는 것과 같다. 그러므로 과거의 자리는 그냥 미래의 큰 자리에 오르기 위한 경험이며 공적이라고 생각해야 한다.

 과거가 좋아 보이는 것은 현재 있는 자리가 전보다 더 못하기 때문이다. 아무리 좋은 곳도 다시 가면 신비감이 떨어지기 마련이다. 과거의 자리에 비해 현재의 자리가 너무 비참해서 그나마 과거가 좋았다고 말하는 것이다. '구관이 명관'이라는 말이 있듯이 말이다. 사람은 항상 현재가 힘들고 어렵다. 과거는 아무리 어렵고 힘들어도 시간이 지나면 좋은 추억으로 남으며 목전에 있는 현실이 힘들고 고통스럽다고 생각한다. 그래서 늘 과거가 좋았다고 말하며 다시금 그 자리에 복귀하여 복수하겠다는 생각을 품는다.

 하지만 그런 생각은 속 좁은 소인(小人)의 생각이다. 더 큰 포부를 가지고 있는 사람이라면 과거로의 복귀보다 과거를 뛰어넘는 미래의 꿈을 표적으로 삼아야 한다.

| 눈높이를 높여라 |

일례로 과거의 수준이 7이고 현재의 수준이 3이라면 현재는 과거 수준의 7을 목표로 사는 것이 아니라 미래 수준을 9의 수준에 맞춰 놓고 살아야 한다. 단순히 과거로 돌아가기 위해서 미래를 준비하는 것은 시곗바늘을 거꾸로 돌리는 것과 같다.

자기에게는 이미 수준 7의 위치에 버금가는 잠재적인 실력이 있다. 자기 실력은 이미 수준 7의 능력을 뛰어 넘은 것이다. 다만 외적으로 보기에 3의 수준으로 보일 뿐이다. 그러므로 자기 생각의 수준을 3에 안착시키지 말아야 한다. 자기 생각 수준을 최소한 수준 7 이상으로 맞춰야 한다. 그리고 조금 더 노력해서 수준 9의 반열에 자기를 올려놓겠다는 비장한 각오를 다져야 한다.

물론 막상 바닥을 치면 과거의 그곳에 다시 돌아가고 싶은 생각이 들 것이다. 자기가 정말로 원하는 자리, 자기가 평소에 꿈꾸던 자리, 오매불망 기다리고 기다리던 자리, 그 자리에서 내려와야 하는 것은 진정으로 사랑하는 사람과 생이별을 해야 하는 아픔과 같다. 그런 가슴 아린 그 마음을 잘 견뎌 내야 진정으로 다시 일어설 수 있다. 그렇지 않고 그 아픈 마음을 견뎌 내지 못하면 현재의 자리에 안주하게 된다. 현재의 자리에 안주해서 그냥 살 것인지, 과거의 영광을 생각하면서 과거의 자리에 안착하기 위해서 시곗바늘을 거꾸로 돌릴 것인지, 아니면 과거보다 더 큰 영광의 자리를 향하여 헌신적으로 노력할 것인지는 자기에게 달려 있다.

 이왕이면 좋은 자리를 향해 나아가자. 과거보다 더 높은 서열에 오르기 위해 노력해야 한다.
 학창 시절에 공부를 잘했어도 사회에 나와서는 못 사는 경우도 있고 공부를 못했던 친구가 사회에 나와 크게 성공을 거둔 경우도 많다. 사람의 미래는 모르는 일이다. 언제 판이 바뀔지 모른다. 지금 이렇게 산다고 내일도 모레도 오늘같이 살 거라고 생각하지 말아야 한다. 사람 팔자 어떻게 될지는 아무도 모른다. 모든 것은 자기가 하기 나름이다. 중요한 것은 목표를 어디에 둘 것인가의 문제다.

 모로 가도 서울만 가면 된다. 서두를 것 없다. 현재가 힘들다고 언제까지 그 자리에 있을 것이라는 생각은 하지 말자. 평생 이런 자리에서 썩으면서 살 수 없다. 특히 조직 생활을 하는 경우에는 누군가 이끌어 주지 않으면 결코 앞설 수 없다. 누군가 자기의 능력을 알아주고 이끌어 주는 사람이 있어야 한다. 즉 아무리 노력해도 조직에서 자기를 이끌어 주지 못하면 더 이상은 나아갈 수 없다. 그러므로 정신 바싹 차려야 한다. 조직에서 성장하지 못한다면 조직 밖에서 더 크게 성장할 수 있도록 실력을 쌓아야 한다. 실력은 사용하지 않고 썩혀 두면 녹슬기 마련이다. 또 사람은 어울리는 사람과 자기에게 주어진 환경에 의해서 속물이 될 수 있고 더 나은 사람이 될 수도 있다.

매일 술주정하는 아버지 슬하에서 자란 자식 중 아버지를 닮아 술에 찌들어 사는 자식도 있고 그런 아버지와 같은 사람이 되지 않을 거라는 생각으로 자기를 연마하여 높은 자리에 오른 자식도 있다. 인간이 환경에 의해 좌우된다는 말은 모든 사람이 같은 환경에 있어도 이를 어떻게 받아들이는가에 따라 그 행동하는 결과가 다르게 나타난다고 말하는 것이 옳다.

그러므로 자기가 좋지 않은 환경으로 떠밀렸더라도 근묵자흑(近墨者黑)이 되지 않고 현실에 안주하지 않도록 자기 자신을 끊임없이 단련해야 한다. 주어진 환경에 굴하지 않고 과거의 영광을 넘어선 미래를 봐야 한다. 현실은 미꾸라지의 삶을 살망정 미래는 용의 삶을 살 거라는 확신을 가지고 노력해야 한다. 결코 현실에 안주하여 과거보다 더 못한 인생을 살지 말아야 한다. 자기가 생활하는 장소가 어디인지가 중요한 것이 아니라 자기가 어떤 마음 자세로 삶을 대하는지가 더 중요하다.

모든 것은 마음먹기에 달려 있다. 자기가 어떤 마음을 먹는가에 따라 자기의 삶이 결정된다. 밝은 대낮이어도 어두운 생각을 가지면 마음이 어두워지고 어두운 밤이라도 마음을 밝게 하면 마음이 밝아진다. 주변 환경이 주는 밝기에 의해 살지 말고 자기 마음의 밝기로 살아야 한다. 주변 사람들의 영향력에 의해서 부화뇌동하지 말고 자기가 마음먹은 바를 향하여 올곧게 전진하고 전진해야 한다.

3. 제복이 서열이다

직장에 출근하거나 조직에서 생활할 때는 작업복을 입는다. 군복, 간호사복, 경찰복 등 조직 생활을 할 때는 작업복을 입는다. 또 작업복을 입지 않는 조직은 모자를 쓰든 완장이나 명찰을 차든 간에 어떠한 형태로든 조직에서 계급을 나타낼 수 있는 복장을 한다. 그러다 보니 일상적으로 평범하게 생활하던 사람도 제복을 입으면 그로 인해 자세와 태도가 달라진다. 온순한 사람도 군복을 입으면 군인처럼 용감한 사람이 되고 해병대 팔각모를 쓰면 눈빛부터 다른 모습을 보이게 된다.

사람들은 제복을 입으면 그 제복에 달려 있는 조직을 상징하는 마크나 표징을 보고 자긍심을 느끼기도 하고 때로는 제복에 부착된 계급장을 보고 자기 위치를 실감하기도 한다. 중요한 것은 일상적으로 사복을 입고 있을 때와 제복을 입고 있을 때는 언행이 다르다는 점이다. 사복을 입을 때 산만했던 마음도 제복을 입으면 집중하게 된다. 또 자기 가슴이나 모자에 부착된 계급장을 보면 그 계급장에 버금가는 품위와 언행을 구사한다.

다른 사람들도 그 제복 입은 모습을 보고 계급장에서 풍기는 힘에 압도된다. 자리가 사람을 만들듯 제복이 사람을 만든다. 제복은 마음에 입혀지는 용기의 옷이다. 예로부터 왕과 신하의 복장이 다르고 양반과 상놈의 의복이 달랐듯 무엇을 입고 있느냐에 따라서 사람의 급이 나뉘기도 한다.

　실제로 옷이 날개라는 말이 있듯이 제복을 입으면 그 제복에 버금가는 권력을 행사하려고 하고 그 옷에서 풍기는 언행을 하려고 한다. 일상생활에서 사투리를 쓰고 유연하게 말을 하던 사람도 군복을 입으면 '있습니다, 했습니까' 등 엄중하고 경직된 말을 써야 한다. 제복이 말과 행동과 생각을 좌지우지하는 것이다.

　작업복을 입는다는 것은 서열을 입는 것이다. 그래서 작업복을 입은 모습에서 그 사람의 서열을 알 수 있다.

　일반적으로 얼굴은 신체적인 구성 요소 이상의 의미를 갖는다. 얼굴에 이미 그 사람의 감정이 담겨 있고 그 사람의 삶이 담겨 있다. 얼굴은 정체성을 의미하고 희로애락에 따른 감정을 담는 그릇이다. 제복이 그러한 역할을 한다. 제복 자체가 조직의 얼굴이고 그 사람의 신분과 권력을 나타내는 표징이다.

　조직 생활에 있어 제복이 계급장이라면 도로 위에서는 자동차의 배기량과 종류 그리고 아파트가 몇 평방미터인가가 계급장이 되기도 한다. 동물들 중에서도 입을 많이 벌리는 것이 힘의 크기를 재는 경우도 있고 소리를 크게 지르는 것이 힘을 상징하기도 한다. 이처럼 사람이나 동물과 같이 무리를 지어서 조직 생활을 하게 되면 그 과정에서 필연적으로 계급을 나타내는 표징들이 생기게 된다. 신분의 구별 혹은 서열의 구분, 그리고 권력의 높낮이를 나타내는 그러한 것들은 제복의 많은 부분에서 드러난다.

사람은 상황의 힘에 의해서 움직이는 동물이다. 평상시에 다른 사람을 배려하고 낮은 곳에 거하다가도 제복을 입으면 다른 모습을 보이는 사람들이 많다. 평소에는 말이 없던 사람도 제복을 입고 계급장 달린 모자를 쓰는 순간 목과 어깨에 힘을 주면서 잔소리를 해대고 다른 사람에게 무지막지하게 폭력을 행사하는 사람도 있다. 자기 스스로 권력을 가졌다고 느끼는 것이다.

사람은 환경에 의해 움직이고 상황의 힘에 의해 이끌리게 되어 있다. 제복도 환경과 상황에 버금가는 영향을 준다. 평상복을 입을 때와 제복을 입을 때에 어떻게 다른가를 보면 제복이 주는 힘이 얼마나 큰지를 알게 된다. 밀 그램의 시험에 의해서 알 수 있듯이 말이다.

그러므로 조직에서 생활하려면 제복을 입는 순간 자신의 마음 모드를 항상 낮은 자세로 맞춰야 한다. 제복을 입는 순간 1차적으로 제복의 계급장에 걸맞은 태도로 마음 자세를 무장하고, 그 다음에 계급장이 주는 권력에 취하지 말자는 의지를 다져야 한다. 자칫 다른 사람을 배려하고 낮은 곳에 임하려고 했던 첫 마음을 잊고 자기도 모르게 제복이 주는 상황의 힘에 이끌려 거만한 태도를 보일 수 있기 때문이다.

목회하는 사람들은 제의를 입으면 약자를 섬기는 경건한 자세를 보인다. 일상생활 속에서 잊고 지내던 방탕한 마음이 제의를 입는 순간 그에 상응하는 마음 자세로 바뀌는 것이다. 겸손한 모드, 인자한 모드, 남을 배려하고 자기의 이익보다는 타인의 이익을 생각하는 생활 모드로 바뀌게 된다.

옷이 자긍심이 되고 자존심이 되는 세상이다. 그래서 많은 사람들이 좋은 옷을 입고 고가의 명품 브랜드를 입기를 선호한다. 제복도 마찬가지다. 제복을 입음으로 인해 언행이 달라지고 자신의 프라이드를 느낄 수 있다. 옷은 자기를 표현한다. 남보다 낮은 곳에 머물고자 하는 진실한 마음을 제복으로 가리지 말아야 한다.

예비 군복을 입으면 전봇대에 노상 방뇨 하듯 제복을 입으면 갑옷을 입은 것과 같이 자신감이 상승한다. 그러한 자신감을 갖는 것은 좋다. 하지만 그것을 다른 사람에게 과시하고 그 계급장으로 약자를 억압하거나 횡포를 부리지 말아야 한다.

제복은 사명(使命)을 다하라는 의미가 담겨 있다. 제복에 달린 계급장은 권력을 행사하라는 것이 아니라 계급에 맞는 역할과 책임을 다해서 조직의 성장과 발전에 이바지하라는 의미의 표징이다.

신부들이 제의를 입으면서 예수님의 마음을 머금어 빈자들을 위하고 봉사한다는 마음을 다지듯, 군인이 군복을 입는 순간 애국의 마음으로 조국을 위해서 이 한 몸 불태우리라는 의지를 다지듯 제복에 새겨진 사명에 따라야 한다. 또, 하나하나 늘어나는 제복의 무게만큼 다른 사람에게 봉사하고 희생하는 정신이 뒤따라야 한다.

　현재 무슨 옷을 입고 있는가는 중요하지 않다. 자신이 입고 있는 제복 안에 있는 마음의 색상이 중요하다. 나만 생각하는 마음의 색상인지 다른 사람에게 희생하고 봉사하는 마음의 색상인가를 먼저 생각하자. 몸은 제복을 입었어도 마음은 제복을 벗어버리고 백의종군(白衣從軍)하는 마음으로 낮은 곳에 거하는 사람이어야 한다.

4. 권력은 지식의 날개다

　자기의 견문을 넓히고 자기의 뜻을 함께 공유할 사람을 만나는 과정에도 힘이 필요하다. 아니 어느 정도 남이 인정하는 반열에 올라야 자기가 아는 지식이 힘을 발휘한다.

　공자도 자기가 아는 학문을 아무리 다른 사람에게 설득하고 전파해도 일반 사람들이 공자의 말을 경청하지 않고 무시했다. 그런데 공자가 초급 관리자가 되어 다른 사람에게 전파를 하니 그때는 잘 먹혀들더라는 것이다. 그래서 공자는 자기가 아는 지식을 인정받기 위해서는 그 지식을 대변할 수 있는 권력이 있어야 한다고 말한다. 권력이 없으면 아무리 참된 진리라고 해도 다른 사람이 인정하지 않는다. 그래서 지식을 가진 사람일수록 권력을 잡으려고 하고 자신이 알고 있는 지식을 이용하여 더 큰 권력을 잡으려고 한다.

　직장에서 같은 회의를 하더라도 서열이 높은 사람이 하는 말은 중요하게 생각하고 하찮은 말이라도 그냥 넘기지 않지만 서열 낮은 사람이 말하면 씨알도 먹히지 않는 경우가 많다. 아무리 평범한 말도 회장이나 임원이 말하면 경영 어록이 되지만 일반 직원들이 이야기하면 그것이 아무리 옳은 말이고 대세를 뒤집을 수 있는 획기적이고 창의적인 발언이어도 무시되는 경향이 많다. 그러므로 자기가 아는 지식으로 다른 사람에게 인정받고 그것이 지식으로서 가치를 인정받기 위해서는 그에 상응하는 정도의 힘이 있어야 한다.

서열에서 밀려나 다시금 재기를 위해서 노력하는 과정에서는 지식을 축적하고 열정을 다해 단련하는 것도 중요하지만 실력이 있는 사람 혹은 명망이 높은 사람, 권력이 있는 사람, 대중성이 있고 인지도가 있는 사람을 후광효과로 활용해야 한다. 말 그대로 거인의 어깨 위에 올라 자신의 실력이 힘을 발휘하도록 해야 한다. 그 사람은 멘토가 될 수 있고 자기에게 조언을 해 주는 코치가 될 수 있으며 직장 상사도 그러한 좋은 후원자가 될 수 있다. 중요한 것은 자기 혼자 하는 것보다 권력을 가진 사람의 힘을 이용하는 것이 어느 정도 실효성이 있다는 점이다.

이렇듯 자기 이력이 힘을 발휘하기 위해서는 후광효과를 잘 활용해야 한다. 아무리 좋은 실력을 가지고 있어도 타인이 인정해 주는 정도의 공신력이 없으면 무용지물이다. 그래서 많은 사람들이 높은 학벌을 따려고 하고 돈줄을 대서라도 방송에 광고하고 돈을 써 가면서 방송에 얼굴을 들이밀려는 것이다.

일단 유명세를 한번 타야 한다. 일단은 다른 사람들에게 널리 알려져야 한다. 그로 인해서 아무것도 아닌 소소한 것이 가치 있게 평가된다. 그렇지 않고 권력이 없으면 자기가 아무리 많은 지식을 가지고 있어도 그 지식이 평가절하 되기 마련이다.

그래서 실력이 있어도 자기 이름으로 하면 팔리지 않고 남들이 인정해 주지 않으므로 남의 이름을 빌려 작품 전시회를 하는 미술가들도 많다. 또 자기 브랜드는 소비자에게 알려지지 않았기에 고가의 브랜드를 사서 다른 사람의 브랜드로 판매를 한다. 그래야 어느 정도 본전에 달하는 수익이라도 얻을 수 있기 때문이다. 그것이 현실이다. 실력만 가지고는 돈을 벌 수 없다.

높은 곳에 있다가 낮은 곳으로 추락해 보면 안다. 자기가 자리로 인하여 다른 사람에게 인정을 받았는지, 실력으로 인하여 다른 사람에게 인정을 받았는지를 말이다. 결국은 자리가 사람을 만든다. 권력이 자리를 만든다. 아무리 실력이 있어도 이것이 뒷받침되지 않으면 그 실력이 제대로 빛을 발휘하지 못하고 평가절하(平價切下) 되기 마련이다.

그래서 많은 작가들이 이름 있는 대회에서 상을 받으려고 하고 유명한 대회에서 월등한 성적을 내려고 한다. 그것이 많은 사람들에게 인정받는 길이기 때문이다. 또 그것이 있어야 다른 사람에게 자기 실력이 어필되기 때문이다. 그래서 스펙을 쌓으려고 노력을 하는 것이다. 남들이 인정하는 스펙이 있어야 다른 사람들에게 인정받고 제대로 자기를 팔 수 있기 때문이다.

보기 좋은 떡이 먹기도 좋다. 이왕이면 다홍치마다. 이왕이면 잘 포장해야 하고 이왕이면 다른 사람에게 있어 보여야 한다. 그래야 다른 사람들에게 제대로 가치를 인정받을 수 있다. 그러기 위해서는 평상시 자신의 행동거지가 방정하고 품격을 갖춰야 한다. 자기 스스로 남들이 보기에 가치 있는 상품으로 보이도록 자기 관리를 잘해야 한다. 말을 하지 않아도 외모에서 풍기는 이미지가 훌륭한 사람처럼 보여야 하고 기품이 있고 쉽게 범접할 수 없을 정도의 힘을 지녀야 한다.

'지식이 힘을 발휘하기 위해서는 권력이 동반되어야 한다'는 말은 진정으로 힘에 연연하지 않고 다른 사람의 평가에 전혀 무관하게, 오로지 그 분야의 학문의 깊이에서 앎을 얻고 순수하게 학문만을 목적으로 지식을 탐구하는 사람에게는 아무 소용없다. 물론 순수하게 학문을 파고드는 것은 좋다. 하지만 21세기는 자본주의 시대이고 자본이 힘이 되고 권력이 되는 시대다. 즉 자본이 있고 힘이 있는 사람이 깊고 넓게 학문할 수 있고 최신 정보를 최대한 확보할 수 있게 되었다. 이제는 지식을 쌓아도 돈이 되는 지식을 쌓아야 한다. 돈이 되지 않는 지식에는 사람들이 관심을 보이지 않는다. 대학에서 취업이 되지 않는 비인기학과는 폐지되고 있다. 시대적인 흐름이 그렇다. 옛날처럼 초야에 묻혀 오로지 학문에만 열중하는 시대가 아니다. 이제는 지식도 시대와 함께해야 하고 지식을 쌓아서 권력으로 열매를 맺어야 한다. 그래야 그 지식으로 인해 많은 활동을 할 수 있고 보다 더 큰 세상을 향하여 나아갈 수 있다.

5. 의전에 빈틈이 생기지 않아야 한다

　서열 높은 사람을 만나면 스스로 주의해야 하지만 자기가 어떠한 행사를 진행하거나 주관을 할 때도 서열에 입각하여 조심해야 한다. 특히 권력 욕구가 있거나 정치적으로 서열에 민감한 반응을 보이는 사람들을 초청하여 행사를 할 때는 자기가 어떤 처우를 받을까에 온통 신경을 쓰기 마련이다. 자기가 내적으로 아무리 인정의 나르시시즘을 받아도 공개석상에서 공개적으로 자기보다 서열이 낮은 사람보다 더 낮은 자리에 배정을 받는 등 자기 지위에 걸맞은 예우를 받지 않으면 무척 불쾌하게 생각한다. 그래서 우스갯소리로 초병에 실패한 병사는 사형을 면할 수 있지만 의전에 실패한 병사는 평생토록 고달픈 생활을 하게 된다고 할 정도로 의전을 무척이나 중요하게 생각한다. 그러므로 서열이 높은 권력층을 다수 초대하여 행사를 진행할 때는 신중에 신중을 기해야 하며 적대적인 사람은 같은 자리에 놓이지 않도록 하는 것이 좋다. 또 그 나라의 문화를 존중하여 서열을 정해야 하며 민감한 사항에 대해서는 실무자들과 사전에 어느 정도 서열 조율을 위한 협의를 하는 것도 좋다. 결코 행사를 주관하는 입장에서 다른 사람의 의견을 감안하지 않고 자기 주관적으로 서열을 매기지 않도록 해야 한다.

　서열을 잘못 정하면 아무리 행사를 잘 치렀어도 실패작으로 봐야 한다. 상사 입장에서는 그 윗사람에게 잘 보여야 하는데 의전을 잘

못해서 상사의 상사가 화를 냈다면 차라리 행사를 하지 않는 것보다 못한 결과가 나올 수도 있다.

그러므로 서열이 낮은 사람은 다수의 군중이 모이는 자리에서 늘 자기의 직속 상사가 좋은 평가를 받거나 다른 사람에게 인정의 나르시시즘을 느낄 수 있도록 해야 한다. 상사의 면전에서 상사를 자랑하고 칭찬하는 아부는 닭살이 돋아서 도저히 할 수 없다고 말을 하는 사람도 많다. 하지만 웬만하면 특별한 행사를 진행할 때는 최대한 상사에게 점수를 따 놓는 것이 좋다. 상사에게 아첨하고 아부하는 것은 상사를 상사로 떠받들어 주고 상사에게 자기가 서열이 낮다는 것을 자인하고 당신이 서열이 높은 상사임을 인정한다는 묵시적 표현이다.

평상시에 아무리 잘해도 공식석상에서 서열을 무시하거나 다른 사람들이 보는 앞에서 서열을 무시하고 부하가 자만심을 드러내는 것은 괘씸죄에 해당하는 좋지 못한 행위임을 알아야 한다. 그러므로 특별한 날에는 평소 상사를 대할 때보다 최대한 예우해 줘야 한다. 그렇지 않고 특별한 자리에서 서열을 무시하거나 상사의 서열을 챙겨 주지 않으면 그것이 평생 상사에게 분함을 안겨 주는 괘씸죄가 된다는 것을 알아야 한다.

6. 돈과 권력이 생사를 결정한다

높은 곳에 있을 때는 내려올 때를 생각해서 매사 조심하고 잘해야 하는데 신기하게도 그렇게 되지 않는다. 높은 곳에 있으면 이상하게 오버하는 경우가 많다. 생각만 하면 모든 것을 할 수 있을 것 같고 자기가 하는 말은 모두 옳은 말이라고 착각하는 경우이다.

| 포커페이스를 하라 |

권력을 잡으면 본성을 드러내게 된다는 말이 있듯 높은 자리에 오르면 유독 반쯤 가면을 벗어 버리곤 한다. 일반 직원일 때는 어느 정도 포커페이스를 하고 자기 자신을 잘 드러내지 않는데 반해 자기가 직책을 갖게 되면 어느 정도 본성을 드러내게 된다. 그간에 일반 직원으로 있을 때 어떻게 그런 야수 본능을 숨겼을까 싶을 정도로 일반 직원일 때는 순하고 착하던 사람이 직책 보임자가 되면 말끝마다 욕을 하거나 막말하는 경우가 있다.

힘을 가지면 가질수록 높이 올라가면 올라갈수록 자기의 알몸을 드러내는 과정이다. 자기를 가려 주는 옷과 방패는 항상 그대로 그 높이에 고정되어 있는데 몸만 점점 상승하는 것이다. 그래서 처음에는 말로만 큰소리치던 사람도 점점 시간이 지나면 갈수록 손과 발을 쓰면서 폭력을 행사하는 경우가 많다. 권력을 갖는다는 것, 높은 위치에 오르는 것은 본성을 드러내도 된다는 허가증을 받는 것이라고 착각하는 경우가 많다. 마치 신성불가침의 영역인 소도라고 착각해서 국회 회기 중 면책의 특권을 가진 것처럼 행동하는 사람도 있다.

그래서 폭정을 일삼고 자기 지위를 남용한다. 하나의 권력을 잡으면 그만큼 간덩이도 권력화 되어 앞뒤 분간을 가리지 않고 무지막지하게 생활하는 사람들이 많다. 권력을 잡으면 그 권력 안에서는 무조건 자기가 함부로 해도 된다고 착각하고 자기 소속의 사람들은 함부로 해도 된다고 생각한다. 공적인 시간뿐 아니라 사적인 시간도 자기가 좌지우지해도 얼마든지 상관없다고 생각한다.

하지만 높이 올라가면 반드시 내려와야 한다. 등산을 해도 오래도록 산 정상에 머무를 수는 없다. 어차피 내려와야 한다. 그러므로 올라갈 때는 내려올 때를 생각해야 한다. 내가 내려오면 어떤 위치에 놓이게 될 것이라는 것을 알아야 한다. 자기가 항상 그런 자리에 있을 것이라고 생각하지 말아야 한다.

그러나 그런 생각을 잊지 않고 생활하기가 참으로 어렵다. 현실은 너무도 부드럽고 달콤하기에 근심 걱정이 없다. 언제까지 그런 생활이 계속될 거라고 생각한다. 그리고 이왕 생긴 권력이니 가만히 놓아두면 썩을 것이라고 생각한다. 아울러 언젠가는 그 자리에서 내려와야 한다는 생각을 하기에 그 자리에 있을 동안에 한몫을 단단히 잡으려고 한다. 그러다 보면 무리하게 되고 그로 인하여 안하무인이 된다. 처음에는 아주 별것 아닌 것으로 시작했는데 점점 그 볼륨이 커지게 된다. 바늘 도둑이 소 도둑이 되는 것과 같다.

나중에 내려와서 생각하면 자기가 얼마나 미련한 짓을 했는지를 반성하게 된다. 아울러 자기가 왜 높은 자리에 오래 앉아있지 못했는지 알게 된다. 다른 사람들로 인해서 떠밀려 내려온 것도, 배경이 없고 믿고 기댈 곳이 없어서도 아니다. 자신이 처신을 잘못했기 때문이다. 자기가 수신하고 자기 관리를 잘하고 겸손하게 생활했다면 그 자리를 쉽게 내주지 않았을 것이다.

세종대왕, 정조, 강희제, 옹정제, 건륭제, 당태종 등은 높은 곳에 있으면서도 배우고 익힘을 계속했으며 책을 좋아하고 항상 부지런하고 근성 있게 깨어 있었다는 공통점이 있었다. 그들이 늘 깨어 있었던 것은 부패하고 권력에 취해 있으면 말로가 어떻게 될 것이라는 것을 어려서부터 주변 지인들을 통해 간접적으로 경험하고 터득했기 때문이다. 이후 그들은 자기를 신독하는 데 주력했고 긴장을 늦추지 않기 위해 끊임없이 공부하고 학습했다.

| 적정하게 긴장하라 |

그렇다. 긴장의 끈을 늦추지 말아야 한다. 늘 깨어 있어야 한다.

그러면서 마음이 방만하지 않고 한 치의 실수도 용납 않기 위해 배우고 익히면서 자기 자신을 잃지 않아야 한다.

특히 강희제는 하루하루를 빈틈없이 관리했다고 한다. 언제 권력을 잃게 될지를 몰랐기에 늘 긴장했고, 지나친 격무에 시달려서 과로로 쓰러질 수 있기에 어지간한 일은 모두 위임을 하고 자기 체력을 관리하고 사냥을 하면서 건강관리에 애썼다.

권력을 가졌음에도 권력을 폭권으로 남용하지 않고 평화롭게 나라를 다스린 군주들의 공통점은 자기 자신의 수련과 수신에 힘썼다는 것이다. 즉 남에게 자기 권력을 휘두르고 자기 힘을 드러내려고 하기보다는 자기 힘을 갈고 닦는 데 힘썼다는 것이다. 권력을 겉으로 분출하기보다 자기 내면의 내공을 쌓는 시간이 많았다는 것에서 훌륭한 왕이 되지 못한 인물들과는 큰 차이를 보인다.

권력에도 유효기간이 있고 한계 용량이 있기 마련이다. 그런데 그 한계 용량을 다 써 버리면 실체 없는 권력을 가지고 힘을 쓸 수밖에 없다. 그래서 부정하고 부조리한 방법을 활용하여 권력을 남용하게 되는 것이다. 그 힘은 쓰지 않아도 시간이 지나면 자연히 사라지는 힘이다. 또 그 힘은 쓸 수 있는 힘이 아니다. 자기의 정신의 등불과 의식의 등불이 하루 종일 꺼지지 않도록 하는 연료이고 에너지인 셈이다. 그런데 권력을 가진 사람들은 자기의식의 등불이 꺼지지 않도록 자기 권력을 갈무리하기보다는 남에게 권력의 힘을 과시하는 데

써 버리는 우를 범하는 경우가 많다.

　지나온 역사를 보면 자기의 권력을 남에게 사용하는 사람은 단명했고 오래도록 권력의 높은 자리를 유지했던 사람은 자기의 권력을 사용하지 않고 잘 보관했음을 알 수 있다. 그러므로 자기가 가진 권력의 힘을 이용하지 않도록 항상 절제해야 한다. 권력은 돈을 사용하는 것과 같다. 아껴 써야 한다. 권력으로 돈을 벌려고 하는 것은 돈의 가치와 권력의 가치를 동시에 사장시키는 결과를 가져온다. 그러므로 권력으로 돈을 벌려고 하지 말아야 한다. 또한 돈으로 권력을 사려고도 하지 말아야 한다. 돈과 권력이 함께하는 곳에서는 부정부패가 만연하기 마련이다. 권력은 돈을 썩게 하고 돈은 권력을 썩게 함을 명심해야 한다.

　그런데 신기하게도 권력을 잡으면 돈을 가진 똥파리들이 주변에 들끓는다. 돈이 권력의 냄새를 맡은 것인지 권력이 돈의 냄새를 맡은 것인지 돈을 가진 사람들은 귀신같이 냄새를 잘 맡는다. 중국의 삼국지에 등장하는 동탁이 돈으로 인해서 무너졌듯이 권력은 결국 돈과 결탁을 하고 그 돈과 결탁된 사람은 결국 권력으로 인해서 무너진다는 사실을 알아야 한다.

7. 너무 믿지 마라

제아무리 서열이 낮은 사람이 서열이 높은 사람을 위해 정성을 다하고 충성을 다한다 해도 사냥꾼이 사냥을 마치면 사냥개를 잡아먹듯이, 어느 순간에 서열이 낮은 사람을 일시에 쳐내는 경우도 있다. 중종이 조광조를 토사구팽 했고 유방에게 한신 장군이 토사구팽을 당했으며 태종 이방원의 친구였던 이숙번도 결국은 토사구팽을 당했다. 이처럼 서열이 낮은 사람은 언젠가는 서열이 높은 사람에게 토사구팽을 당하기 마련이다.

| 서열 높은 사람은 배신에 주의하라 |

그런데 서열이 높은 사람도 서열이 낮은 사람에게 토사구팽을 당하는 경우가 있다. 서열이 낮은 사람을 정성 들여 가르치고 혼신의 힘을 다해 많은 것을 알려 주었는데 어느 정도 수준에 이르자 마치 독립하여 부모의 슬하를 떠나는 것과 같이 떠날 때가 있다. 물론 후학을 양성하고 차세대 리더를 양성하는 것은 당연히 서열이 높은 사람이 해야 하는 일이다. 무릇 리더는 인재를 양성하는 데 주력해야 한다. 서열이 높은 사람은 서열이 낮은 사람이 성장하는 것을 보면서 기뻐하고 그것을 통해서 보람을 느낀다. 마치 자식을 키우는 부모가 자식이 성장하는 것을 보면서 기뻐하듯이 말이다.

그런데 간혹 서열이 낮은 사람을 양성할 때 큰 배신감을 느끼는 경우가 있다. 특히 자기가 양성한 서열 낮은 사람이 충성심이 없고 자기 실속만을 챙기는 경우는 더욱더 배신할 확률이 높다. 그러므로 사람을 가르치고 단련하고 차세대 리더를 양성하기 위해서는 그 대상이 올바른 사람인지를 잘 보고 선정해야 한다. 그렇지 않으면 고양이 새끼인 줄 알고 끼웠는데 결국 스승도 잡아먹는 호랑이 새끼를 키우는 격이 된다.

  중소기업에서 인재 부족으로 애를 먹고 있는 이유 중 하나는 회사에서 정성을 다해 유·무형의 많은 재원을 투자해서 최고 전문가로 직원을 양성시켜 놓았는데 그 사람이 경쟁사로 이직하기 때문이다. 그야말로 죽 쒀서 개 준 격에 비할 수 있다. 그러므로 일단 사람을 잘 선정해야 한다. 아울러 사람이라는 것은 언제든 이익을 위해서 움직인다는 것을 고려하여 기업 경영의 핵심 인재들에게는 그에 상응하는 동기 부여를 끊임없이 제공해 주어야 한다. 아울러 그 인재가 어떤 딴마음을 먹고 있는 것은 아닌지 잘 살펴야 한다. 그래서 딴마음을 먹는다고 생각되면 곧바로 권한을 회수하거나 가르침을 중단해야 한다. 또 가능한 한 결정적인 노하우는 알려 주지 말아야 한다.

  대개의 경우 남의 것을 빼앗고 그것을 훔치려는 사람은 자기가 아쉬울 때는 뭐든 자기가 가진 것을 내놓고 희생한다. 그야말로 자기의 목숨을 내놓겠다는 태도로 충성을 다한다. 하지만 자기가 얻고자 하는 것을 얻고 나면 완전히 딴사람이 된다. 언제 그랬느냐 싶을 정도로 완전히 태도를 바꾼다. 안면몰수는 기본이고 자기가 하고자 하는 이익을 위해서 지난날의 우정과 사랑과 관계를 헌신짝 버리듯 한다. 그야말로 냉혈 인간이 되어 버리는 것이다.

그러므로 서열이 높은 사람은 서열이 낮은 사람이 아무리 충성하고 몸을 낮추고 목숨을 내놓을 듯이 해도 늘 의심을 품어야 한다. 또 그런 사람일수록 과도하게 충성하고 아부를 잘하므로 나중에 자신을 배신할 사람이라는 걸 염두에 둬야 한다.

그런 사람들은 서열이 높은 사람이 어떤 것을 좋아하고 그 사람을 달래기 위해서는 어떤 것을 주어야 하는지를 알고서 접근한다. 그러다 보니 서열이 높은 사람의 입장에서는 속수무책으로 당할 수밖에 없다. 그래서 자기가 비장의 카드로 가지고 있어야 하는 것을 서슴없이 상대방에게 건네 버리는 경우가 생긴다. 그러다 보니 그것을 얻고 난 이후 딴 주머니를 차는 사람들이 많다.

특히 배신의 아이콘으로 불리는 사람은 한 번 배신하면 다른 사람을 배신할 확률이 높다. 그러므로 사람을 선정할 때는 그 사람의 모든 것을 알아보고 선정해야 한다.

| 전부를 이양하지 마라 |

부모의 경우에는 늙어서 당신의 재산을 어느 정도 가지고 있어야 한다. 노후 대책의 일환으로 돈을 어느 정도 간직하고 있어야 자식들이 부모들에게 잘하기 때문이다. 부모가 늙어서 돈이 없으면 자식들도 부모를 귀찮게 생각해서 서로 봉양하려고 하지 않는다. 그러므로 부모의 입장에서는 모든 재산을 자식들에게 한꺼번에 물려주지 말아야 한다. 그리고 죽을 때까지 노후 생활에 필요한 돈은 가지고 있어야 한다. 자식에게 재산을 물려주면 돈도 잃고 자식의 인생을 버린다고 해서 죽을 때 유산을 사회에 환원하는 사람도 있는데 그런 사람이야말로 지혜로운 사람이라고 볼 수 있다.

결국은 서열이 높은 사람이 서열이 낮은 사람을 어떻게 다룰 것인가에 의해서 그 서열이 낮은 사람의 행동에 따른 선택이 달라질 수밖에 없다. 가르치고 단련시키고 수련시킬 때는 그런 점을 항상 부각시켜야 하고 언제든 배신한다는 생각을 가지고 많은 것을 주지 말아야 한다. 특히 평소 잘 관찰해서 충성심이 없다고 생각하는 경우에는 결코 중요한 핵심 기술을 가르치지 말아야 한다.

무한 경쟁 시대에서는 스승과 제자의 도리도 무너질 수 있다. 물에 빠진 사람을 애써 구해 놓았더니 보따리 내놓으라고 하듯 접근하는 사람을 조심해야 한다. 특히 야심이 많은 사람이 그럴 확률이 높다.

대개 도제 방식으로 애써 가르쳐서 성장시킨 사람이 그 곁을 떠나가는 경우는 가르치는 사람에게 힘이 없을 때다. 배우는 입장에서는 더 배우고 더 성장하고 더 익혀야 하는데 자기가 모시는 서열이 높은 사람이 그러한 욕망을 전부 채워 주지 못하면 눈을 다른 곳으로 돌릴 수밖에 없다. 그럼에도 불구하고 옛정을 위해 혹은 과거의 의리를 생각해서 자기도 희생해야 한다는 생각을 가진 사람도 있는데 그런 사람은 극히 드물다. 그러므로 사람을 키울 때는 적당히 키워야 한다. 아예 큰물로 내보낼 생각이 아니고 오래도록 곁에 두고 싶다면 적당히 가르쳐야 한다. 아울러 노하우를 숨겨야 한다. '선녀와 나무꾼'에서 나무꾼이 선녀의 옷을 감춰두듯이 숨겨야 한다. 너무 크게 키우면 결국에는 우리에서 벗어난다는 것을 알아야 한다.

8. 서열에 맞는 품격을 지녀라

　서열이 낮을 때는 좋은 사람이었는데 서열에 올라가니 언제 그렇게 사람이 변했는지 참으로 권력이라는 것이 사람을 버리게 하는 요물이다. 어느 순간 자신을 돌아보면 필시 자신의 변화를 눈치 챌 것이다. 자기가 권력에 무릎 꿇은 괴물이 되었다는 사실을 말이다.

| 서열과 인격은 별개다 |

　서열을 가진 사람들이 제일 많이 착각하는 것은 서열이 높아지면 자기 인격도 높아지고 리더십도 높아진다고 착각한다는 것이다. 처음에 서열에 오르면 그 서열에 오른 것을 겸손하게 생각하고 자기 자신을 낮추지만 일정한 시점이 오르면 그 서열에 오른 것이 아주 당연한 것이고 자기는 다른 사람보다 특별하게 선택받은 사람이기에 그 자리에 오른 것이라고 착각한다. 그래서 인격이나 인품까지도 자기가 다른 사람에 비하여 탁월한 능력을 가지고 있다고 생각한다.

　심지어 어떤 사람은 자기보다 서열이 낮은 사람의 것은 당연히 자기에게 귀속된다고 생각한다. 그래서 아버지가 계급이 높으면 자식들도 자연히 그 계급에 따라서 서열이 매겨진다. 아버지가 국회의원이면 자식들로 국회의원 노릇한다. 또 아들이 국회의원이면 아버지도 국회의원 대접받는 곳이 우리나라다.

　서열이 대물림되고 모든 것이 서열에 의해 평가되고 서열에 의해 판단하고 서열에 의해서 생활수준이 결정되고 사람의 인격까지도 서열로 순위를 매긴다. 그래서 서열이 높은 사람은 뭔가 일반적인 사람보다는 특별한 수준에 상응하는 의식수준을 가지고 있고 특별한 생활을 하고 있을 거라고 착각한다. 또한 서열이 높은 사람은 서열이 낮은 사람에 비해 영특하고 능력이 출중하며 언행도 특별하고 사회적으로 특별한 혜택을 받는 것이 당연하다고 생각한다.

　그럴 정도로 한국 사회에서의 서열은 무척 중요하다. 하지만 서열이 높다고 해서 인격이 높다고 생각하는 것은 착각이다. 마치 태양을 마주 볼 수 없듯 높은 서열이라는 강점을 가지고 있으면 그 모든 단점이 덮이기 마련이다. 하얀 눈이 오면 더러운 모든 것이 하얀 눈에 덮이기 마련이듯 권력을 잡고 서열이 높은 자리에 오르면 그 자리에서 뿜어내는 빛에 의해 그 사람이 가지고 있는 단점을 잘 보지 못하는 경우가 많다. 그래서 자기보다 서열이 높으면 어딘지 모르게 자기보다 잘하는 것이 있기에 그러하다고 생각한다.

| 위선은 언젠가 들통난다 |

　서열이 높은 사람이 자기 관리를 못해서 어느 순간에 일이 터지는 것을 보면 대중들이 격분한다. 국민을 대표하는 국회의원이 겉으로

는 깨끗하고 한 치의 죄를 짓지 않는 척을 하다가 남이 보지 않는 데에서 숱한 부정부패를 일삼아서 여론의 몰매를 맞고 국민들의 분노를 산다. 말만 하면 윤리를 주장하고 투명과 공명정대함을 주장하던 사람이 남이 보지 않는 곳에서는 숱한 부정부패를 일삼았다는 얘기는 이제 신물이 날 정도로 많이 들었다. 그럴 때면 국민은 분노한다. 대중을 선도하고 다른 사람들에게 모범을 보여야 하는 사람이라고 생각했기에 더 분노하는 것이다.

일반적으로 사람들은 남을 가르치는 사람이나 다른 사람을 리드하는 공인들이 일반 사람들과는 다른 성품과 정의로움을 지녔을 것이라고 기대한다. 한 분야에서 성공을 거둔 스포츠 스타의 경우에도 당연히 그에 버금가는 인격을 갖췄을 것이라고 생각한다. 그런데 그런 사람들이 도박이나 마약을 하고 불법으로 영업하는 등 사회적으로 비도덕적인 행위를 하는 것을 보면 격분한다. 스포츠 스타이고 많은 사람들에게 알려진 공인이기에 당연히 그런 사람은 다른 일반 사람과는 달라야 한다고 생각한다.

그러므로 남에게 알려진 공인이나 교수, 강사 등 많은 사람들을 상대로 하는 사람들은 자기 관리를 철저하게 해야 한다. 다른 사람에게는 부드럽고 유연하고 너그럽게 대할지언정 자기 자신에게는 냉철하고 냉엄하게 대해야 한다. 다른 사람의 잘못에 관대하게 대하더라도 자기 자신의 잘못에 대해서는 스스로 엄격한 잣대를 들이대야 한다. 자기는 공인이고 자기는 스타이고 자기는 연예인이라서 일반 사람과는 다른 특별한 대우를 받아도 된다고 생각하는 특권 의식을 가지고 있으면 그로 인하여 모든 것이 무너지는 상황에 이르게 된다.

서열이 높으면 높을수록 더 조심하는 습관을 들이고 보는 눈이 많으니만큼 더욱더 품격 있는 사람이 되려고 노력해야 한다. 잘나간다고 특출나게 행동해도 된다고 생각하면 큰 오산이다.

| 꼴값을 하라 |

서열에 맞는 품격, 브랜드에 맞는 품격, 권력에 준하는 품격에는 그에 걸맞은 격이 있어야 한다. 격에 맞지 않으면 꼴불견이다. 양복에 고무신을 신거나, 작업복에 넥타이를 매는 것, 농사일을 할 때 양복을 입고 농사일을 하는 것, 여름에 털모자를 쓰고 외투를 입는 것, 컴컴한 밤에 선글라스를 쓰는 것, 장례식장에 화려하게 치장하고 가는 것, 결혼식 파티에 반바지에 슬리퍼 차림으로 가는 것 등 외적으로 격에 맞지 않는 모습이 보이면 우리는 금세 그것을 발견한다.

그러니 서열의 격에 맞는 인성과 품성의 격을 길러야 한다. 특히 그간에 비양심적인 생활을 해 왔다면 이제라도 늦지 않았다고 생각하고 신독하는 생활을 하면서 서열에 맞는 성품과 인성을 기르기 위해서 뼈를 깎는 노력을 해야 한다. 그럴 자신이 없다면 서열이 높은 곳에 애초에 오르지 않는 편이 낫다.

　서열이 높은 자리에 올라도 되는지 자기가 그 높은 서열의 자리에 올라도 되는 성품과 성격을 가졌는지는 그 누구보다 자기 자신이 제일 잘 안다. 그래서 서열이 높은 곳에 있는 사람들에게 노블레스 오블리주(noblesse oblige)를 가장 중요하게 생각하는 것이고 리더들에게 솔선수범을 가장 중요하게 생각하는 것이다.

　서열이 높을수록 타인의 시선을 조심해야 한다. 다른 사람의 시선을 받으면 받을수록 그에 반비례해서 더욱더 낮아져야 한다. 뭇 사람들의 빛을 많이 받으면 받을수록 더 낮은 자세로 엎드려야 한다. 그 빛은 사람을 중독시키는 빛이고 한편으로는 사람의 이성을 마비시키는 빛임을 명심해야 한다. 자기도 모르게 그 분위기에 휩싸이면 돌발 사고를 칠 수 있음을 알아야 한다. 그러므로 정신 바싹 차려야 한다. 호랑이 굴에 들어가도 정신만 차리면 죽지 않는다고 하지 않은가? 서열에 중독되지 않고 권력에 마비되지 않도록 최대한 조심하고 주의해야 한다.

　그러기 위해서는 평소에 자기를 꾸준히 단련해야 한다. 서열에 중독되지 않고 권력에 쉽게 취하지 않도록 자기의 정신력을 더욱 강하게 단련해야 한다. 또, 책을 읽거나 어렵고 힘든 곳에서 사는 사람들에게 봉사하고 자신이 가진 것을 나누면서 권력과 서열의 자리에 취하지 않도록 자기를 방어하고 면역력을 길러야 한다. 서열의 바이러스에 중독되지 않도록 최대한 노력해야 한다.

9. 위선과 고압선은 건드리지 마라

　서열이 낮은 사람은 결코 서열 높은 사람의 자리를 탐내지 말아야 한다. 서열이 높은 자리를 인정해 주고 부러워하되 그 자리를 탐하지 말아야 한다. 특히 잘나갈 때는 자기 서열이 최고라고 생각하기 마련이다. 자기가 어떻게 노력하는가에 따라 자기 서열이 한없이 계속해서 높아질 것이라고 생각하는 경우가 있는데 그런 생각을 절제해야 한다. 잘나갈 때 더 조심해야 하고 자기가 높은 서열에 오를 때 그 자리에 일차적으로 만족해야 한다.

| 과욕은 화를 부른다 |

　사람은 자기가 원하는 자리에 오르면 그 자리에 만족하기 보다 더 높은 자리에 오르기 위해서 안간힘을 쓴다. 처음에는 생각지도 않았던 사람도 일단 높은 자리에 오르면 더 높은 자리에 오르기 위해 욕심을 부린다. 또 자기가 그 자리에 오르는 것을 절제하고 참는데 다른 사람들이 주변에서 계속 분위기를 잡으면서 부채질하는 경우가 있다. 자기는 전혀 그럴 의사가 없는데 참모들이 그 자리의 주인은 당신이라고 부추기면 권력의 욕구가 발동하여 자기도 모르게 그 장단에 춤을 추게 된다.

피터의 법칙(Peter's principle)이 말하듯이 사람은 자기가 가진 능력의 범위까지 성장하게 되어 있다. 자기가 힘을 가지고 있고 자기가 능력이 있고 역량이 있으면 그 힘에 상응하는 자리까지 계속 오르게 되어 있다. 하지만 누구나 능력의 한계에 도달하게 된다. 그러므로 자기가 제2인자로 남을지 혹은 자기보다 더 서열이 높은 사람을 넘어설지에 대해 신중하게 생각해서 결정해야 한다. 그렇지 않고 무리수를 두다가는 자기도 모르게 한방에 모든 것이 무너진다는 것을 알아야 한다.

모 대기업 회장이 대선에 출마한 적이 있다. 아마도 주변에서 계속 부채질했을 것이다. 이리저리 판세를 분석하고 그간의 경제가 이슈이기에 현장에서 경제를 몸소 경험한 당신이 출마해야 한다, 혹은 대세는 당신에게 있다는 말로 대선 출마를 권유했을 것이다. 하지만 살아 있는 경영의 신이라고 불리던 그도 결국 선거에서 쓰디쓴 고배를 마셔야만 했다. 주변 사람들의 권력의 욕망을 부추기는 감언이설(甘言利說)에 속아 결국 말년에 힘든 삶을 살게 된 것이다.

사실 일이 잘될 때는 뭘 해도 잘된다. 그러니 그 기운을 타서 승승장구하는 사람들은 주변을 먼저 돌아봐야 한다. 진정으로 자기 실력에 의해 승승장구하는 것인지 혹은 봉사 문고리 잡는 격으로 아무런 노력이 없었음에도 그런 자리에 오르게 된 것인지를 냉철하게 분석해야 한다. 그래서 객관적으로 자기가 가진 능력 이상으로 계속 승승장구하고 있다고 생각하면 일시 정지하여 자기를 진단해 볼 필요가 있다.

 삼국지연의를 보면 조조가 왕에 오를 수 있는 막강한 권력을 가지고 있음에도 불구하고 왕의 자리에 오르지 않자 많은 주변 사람들이 조조에게 왕의 자리에 오르라고 말한다. 하지만 조조는 왕에 오르지 않고 위왕이라는 칭호만 갖는다. 한나라 헌제를 밀어내고 자기가 왕이 될 수 있음에도 모든 여건을 감안해 볼 때 자기가 왕의 자리에 오르는 것은 아직은 시기상조라고 판단했기 때문이다. 그래서 자기가 왕의 자리에 오르는 것을 그만두고 결국에는 제2선에서 모든 권력을 누리게 된다. 조조의 전략은 한나라 왕을 섬기는 것을 명분으로 삼고 제후국을 다스리는 것이었다. 자기가 굳이 그 자리에 올라가지 않아도 실권을 갖는 것이 실제적으로는 이익이라고 생각한 것이다. 결국 시일이 지나 조조의 아들이 왕이 된다. 그는 말년까지 자기의 권력을 순탄하게 잘 유지한 전략적인 정치가로 평가되고 있다.

 이처럼 자기 세력이 커지고 자기에게 모든 권력이 집중적으로 몰려 있을 때라도 방심하거나 욕심을 내지 말고 명분과 실익이 있을 때까지 심사숙고해야 한다. 일부러라도 자기가 그 권력의 중심에서 벗어나기 위해 노력해야 한다.

 삼국지에서 자기 서열을 한 차원 올릴 수 있음에도 2인자의 자리에 머물면서 충성을 다했던 사람은 촉나라의 책사인 제갈공명이다. 제갈공명은 유비가 죽으면 왕이 될 수도 있는 상황에서도 유비의 아들 유선이 왕좌에 오르게 하고 유비에 이어 유선에게 충성을 다한

인물이다. 역사의 뒤안길에서는 이렇게 2인자의 자리에 머물면서 오로지 자기보다 서열 높은 사람을 위해 헌신적으로 노력한 사람이 있고 자기가 서열이 높다고 자만하다 한순간 선택을 잘못하는 바람에 역적으로 내몰려 멸문지화를 당하는 사람도 있다.

왕은 하늘이 내리는 것이라고 말한다. 왕권이나 왕좌에 오르는 것은 아무나 하는 것이 아니라 결국 하늘이 그 운을 준다는 것이다. 비단 왕뿐 아니라 모든 자리에는 그 나름의 자리에 맞는 사람이 있다. 그러므로 무작정 자리가 사람을 만든다는 생각으로 높은 자리가 비어 있다고 함부로 자리를 탐하지 말아야 하고 자기가 실력이 있고 권력을 가지고 있다고 함부로 나서서 그 자리를 탐하려고 하지 말아야 한다.

| 상사의 영역을 침범하지 마라 |

조직 생활하면서 주의해야 하는 것은 자기보다 높은 상사의 영역을 범하지 말아야 한다는 것이다. 윗선과 고압선은 건드리지 않는 것이 좋다. 윗선에 있는 사람들은 자기가 높은 자리에 앉기 위해 산전수전 공중전을 겪어 본 경험을 가진 정치 구단이다. 그만큼 교활하고 전략적이라는 말이다. 또 윗선에 있는 사람은 그 자리를 유지하기 위해서 불철주야 전략을 수립하는 사람이다. 그래서 아랫사람이 자기보다 잘나가도 늘 의심하고 그 사람에게 권력이 쏠리면 불안

해한다. 아랫사람이 크고 성장하는 것을 어여쁘게 생각해야 하는데 '사촌이 땅을 사면 배가 아프다'는 말이 있듯 자기보다 서열이 낮은 사람이 자기를 앞서는 꼴을 보지 못하고 어떡하든 그 사람을 자리에서 끌어내리려고 하는 본능이 있다. 그래서 열심히 하는 것도 열정을 다하는 것도 때로는 윗사람에게는 불편함을 준다는 것을 알아야 한다.

 아랫사람이 해야 하는 최선의 도리는 윗사람의 심기를 불편하지 않게 하는 것이다. 호시탐탐 자기 자리를 노린다고 의심하고 있는 윗사람의 심기를 건드리지 않고 그저 겸손하게 숙여야 한다. 권력과 서열에는 초연하다는 태도로 업무에 임해야 한다. 그래야 상사에게 인정받을 수 있다.

 상사에게 일로 갈등을 빚는 것, 일을 잘못해서 꾸지람을 받는 것은 괜찮다. 일이 풀리면 없던 일로 처리되기 때문이다. 하지만 서열이 높은 사람이 명령한 것을 행하지 않거나 상사를 무시하거나 상사에게 보고해야 하는 것을 보고하지 않고 자기 마음대로 하는 것은 괘씸죄에 해당한다. 또 서열을 유지해야 하는 대열에서 자기가 상사의 자리를 넘어서거나 자기가 상사보다 더 앞서려는 것은 결국 상사에게 쥐도 새도 모르게 처벌을 받을 수 있는 중대한 실수라는 것을 알아야 한다.

10. 쓰임을 다하면 힘을 다하고 잊히면 숨어라

"나서지 않으니 좋다. 그냥 남들처럼 평범하게 사는 것이 좋다. 서열 싸움도 안하고 권력 투쟁도 안하고 그냥 사이드로 빠져 있으니 참으로 좋다."

한때는 높은 서열에 오르려고 참으로 많은 사람들을 힘들게 했고 승진하기 위해서 수단과 방법을 가리지 않고 경쟁해서 승리를 거머쥐려고 했던 직장인의 말이다. 이도 저도 아니고 권력을 틈바구니에서 벗어나니 그야말로 천국이 따로 없다는 것을 알게 된 것이다. 모든 것이 부질없다는 것, 정치적으로 싸움을 하고 조직에서 높은 자리에 앉기 위해서 수많은 정적을 만들고 동료들과 암투를 벌이는 것도 결국엔 아무 소용이 없다는 것을 알게 된 것이다.

| 조화와 균형을 유지하라 |

불과 1년 전만 해도 회사에서 날밤을 세우고 일이 있으면 휴일도 마다하지 않고 출근해서 일했던 한 직장인. 오죽하면 그의 아내가 당신 혼자서 회사를 돌리느냐, 당신이 회사 사장이냐고 말을 할 정도로 회사 일에 푹 빠져 지냈다. 그런 그가 직장에 대해서 미련을 놓게 된 것은 회사의 사내 정치에서 희생양이 되고부터다. 그간에 회사를 위해서 충성하고 모든 역량을 조직을 위해 충성을 다했건만 기

껏 돌아온 것은 중상모략과 정치적인 술수로 서열 싸움하는 어리석은 팀장들의 정치적인 싸움에 휘말려 희생양이 된 것이었다.

 사실 직장 생활을 하는 사람이라면 모두가 한두 번은 생각지 못한 배신을 당하고 희생양이 되어서 치명적인 마음의 상처를 입은 경험이 있을 것이다. 간혹 살다 보면 피를 나눈 형제와 믿고 의지하던 사람으로부터 배신을 당하는 경우도 있다. 하물며 직장 생활을 하면서는 얼마나 많은 배신과 음모가 꿈틀거리고 있을까?

 그야말로 직장은 작은 전쟁터다. 통 큰 사람들이 직장 생활을 하는 곳이 아니라, 자기 살길을 찾기 위해서, 자기 알력을 행사하기 위해서 좁은 울타리에서 갖은 중상모략을 일삼고 있는 곳이 직장이다. 그런 곳에서 큰 포부를 지닌 사람에겐 당연히 좁은 세상일 수밖에 없다. 간혹 팀장이라는 리더의 자리에 있지만 서열에 비해서 마음의 크기가 작고 배포가 적은 사람이 있기 마련이다. 그런 사람과 직장 생활을 하다 보면 배포가 맞지 않아서 생활하기가 힘들 것이다. 그래서 조직은 사람이 중요하다는 것이다. 아마도 그런 사람들은 지금 이 순간에도 그러한 정치를 고민하고 있을 것이다. 어떻게 하면 열심히 일하는 사람을 궁지로 내몰 수 있을까? 어떻게 하면 회사를 위해서 경영에 이바지하는 그런 사람을 나락으로 빠뜨릴 수 있을까? 어떻게 하면 자기보다 더 잘나가는 사람의 권리를 빼앗을 수 있을까를 궁리하면서 별의별 생각을 다하고 있을 것이다. 국가 기간산업에서 종사하는 대기업에서 그러한 작태가 공공연하게 실행되고 있으니 참으로 안타까운 현실이 아닐 수가 없다. 그것은 리더가 잘못 선정된 것이다. 검증이 된 사람을 리더로 선발해야 하는데 그런 성품이나 인성을 전혀 돌아보지 않고서 사람을 선정한 결과라고 볼 수 있다.

어떻게 생각하면 열정을 다해서 일을 하던 사람이 조직의 한직으로 밀려나서 일을 중점적으로 추진하는 핵심 부서가 아닌 곳에서 근무하게 되면 마음이 편하다고 말한다. 물론 처음에는 그 자리로 밀려나면 홀가분한 기분을 느끼지 못하고 그저 서운하고 억울한 생각이 먼저 든다. 자기처럼 열정을 다해서 일한 사람을 피도 눈물도 없이 쳐냈으니 억울하게 느껴질 것이다. 하지만 시일이 지나 보면 그것이 얼마나 자기 성장에 좋은 것인가를 알게 된다.

| 직장은 갈등 백화점이다 |

사실 직장 생활이 힘든 것은 사람 간의 갈등 때문이다. 일이 힘든 것이 아니라 사람과의 관계 선상에서 서로 간의 기득권을 차지하고 세력 싸움하는 과정에서 고난이 비롯되는 것이며, 서로가 서로를 시기하고 질투하는 과정에서 스트레스 상황이 발생되게 되고 그로 인해서 싸움을 하게 된다. 그래서 직장 생활이 힘든 것이다. 서로 간의 알력 싸움으로 인해 눈빛만 봐도 서로가 피하고 싶고 그 사람의 목소리만 들어도 그야말로 스트레스가 쌓이는 상황에 처하게 된다.

그러한 경우에 직장 생활이 매일 전투 상황이다. 서로가 서로의 약점을 잡기 위해서 안달을 부리고 서로가 자기의 약점을 숨기기 위해서 페르소나를 쓰기 마련이다. 진실한 자기를 놓아두고 거짓된 자기로 직장 생활을 한다. 이는 모두 조직에서 살아남기 위해서이고 자기의 마음을 액면 그대로 투명하게 드러내고 자기감정을 여과 없이 드러냈다가는 언제 어느 때 반격을 당할지 모르기 때문이다.

그래서 많은 직장인들이 자기를 숨기면서 생활한다. 그럼에도 불구하고 권력 욕구가 있는 사람이나 대중을 이끌고 싶은 사람들은 항상 늘 전쟁터에서 정치적인 싸움을 하게 된다. 그런 생활을 하다가 밀려나게 되면 그야말로 청천벽력과 같은 허탈감이 생기기 마련이다. 그 순간을 잘 견뎌 내야 한다. 그렇지 못하면 화로 인해서 탈진 상태가 되고 자기 분노를 다스리지 못해서 스스로 나락으로 떨어지는 상황에 이르게 된다. 그러한 상황을 잘 견뎌 내야 한다. 그래야 재기가 가능하다.

그런 상황을 잘 견뎌 내는 가장 좋은 방법은 분노가 치밀어 오르는 만큼 바닥에 납작 엎드리는 것이다. 자존심이 상하는 만큼 자기 자신을 땅바닥에 내려놓는 것이다. 그리하면 그 순간을 무사히 넘길 수가 있다. 그 힘든 상황을 견뎌 내면 자기가 현재 처한 상황이 이상하리만큼 편하고 좋게 느껴질 것이다.

과거에 무엇을 얻고 싶어서 그렇게 불나방처럼 나대고 지냈는지,

자기가 무엇이 아쉬워서 그토록 더 좋은 자리를 꿰차기 위해서 설전을 벌였는지, 기껏 열정을 다해서 일을 해도 자기 인생이 크게 달라질 것도 아니고 100을 쏟아 일을 해서 1,000의 결과를 얻어도 그 결과의 반의반도 자기에게 돌아오지 않는데 그게 무슨 희생이고 보람이라고 건강을 해치면서까지 그렇게 일을 했는지 후회한다. 과거에 그렇게 생활한 것이 참으로 후회 막심하게 느껴진다. 참으로 어리석은 과거임을 뒤늦게 깨닫게 된다. 꼭 그렇게 살아야만 했는가에 대한 반성을 하기도 하고 그때는 어쩔 수 없이 그렇게 살아갈 수밖에 없었다고 자기 합리화를 할 것이다.

　무릇 논어에서 말하기를 공자는 '쓰임을 다하면 힘을 다하여 쓰임에 맞게 일해야 하고 잊히면 조용히 숨어 지내야 한다.'고 말한다. 그 말이 맞다. 토사구팽을 당하든 정치적인 싸움에서 밀려났든 간에 우선은 쓰임을 다해서 그간 쓰임에 맞게 자기 역할을 잘 한 것이라고 생각해야 한다. 아울러 이제는 시대적인 상황과 흐름이 자기를 필요로 하는 시대가 아니라는 것을 알고 조용히 물밑에서 자기를 단련하면서 내공을 다져야 한다. 그 언젠가는 자기와 같은 사람을 크게 써줄 사람이 있을 것이라는 생각을 하지 말아야 한다. 이제는 서열의 제일 바닥에서 사다리에 오르려고 하지 말고 그냥 사다리가 넘어지지 않도록 견고한 받침 역할을 하는 기반이 되도록 해야 한다. 아울러 후학이 성장하도록 후학 양성에 힘써야 한다.

| 덤으로 얻어진 기회라고 생각하라 |

자기를 써 주지 않는다고 야속하게 생각하고 안타깝게 생각하는 마음이 있다면 그 물러난 자리가 편하게 느껴지지 않는다. 그러므로 과거에 대한 미련을 버려야 한다. 그래야 마음이 편하다. 남은 기간은 덤으로 직장 생활을 한다고 생각하고 퇴임 이후를 생각하면서 자기를 단련하는 기회로 삼아야 한다. 결코 서열 싸움에 다시금 끼어들지 말아야 한다.

그러기 위해서는 더 이상은 회사에서 목표를 세우지 말아야 한다. 큰 승진을 바라고 좋은 인사고과를 맞고 수상이나 표창을 받고 남보다 좋은 자리에 앉으려고 하지 말아야 한다. 그냥 자기가 하는 일을 하면서 기본적으로 회사에서 주는 밥값을 한다는 생각으로 직장 생활을 하는 것이 가장 마음 편한 방법이다.

모든 일에는 때가 있기 마련이다. 그때에 맞게 가만히 숨을 죽이고 있으면 된다.

지금 이 책을 보는 독자들 중에 승진이라든가 남과 다른 괄목할 만한 성과를 위해서 열정을 다해 날밤을 세워서 일을 하고 있다면 자기의 건강과 가정을 한번 돌아보기를 권유한다. 자기는 건강한가? 자기의 가정은 행복한가 말이다. 열심히 일해서 나중에 가족들이 행복하게 살도록 하겠다고 생각하면서 아직도 억척스럽게 자기와 가정을 버려 가면서 일을 하고 있다면 스스로 불행을 자초하고 있는 것은 아닌지를 돌아봐야 한다.

　마음을 비우는 것이다. 법정 스님이 말하는 무소유는 아니더라도 서열을 차지하고 현재의 위치보다 더욱 좋은 위치에 있고 싶어 하는 그런 마음을 버려야 한다. 그러면 마음이 편안하고 그간에 보이지 않았던 보람과 기쁨이 무엇인지 뚜렷이 보일 것이다. 그 편안함과 즐거움이 보여야 비로소 고난이 물러난 것이다. 그렇지 않고 그곳에 있는 것 자체, 그런 조직에 몸을 담고 있다는 것 자체를 부끄럽게 생각하면 아마도 자기 비하와 스트레스로 인해서 큰 갈등을 겪게 될 것이다.

　그렇다고 자학하면서 아무 희망도 없이 지내라는 것은 아니다. 그간에 27년 넘게 자기와 자기 가정을 등한시하고 오로지 조직을 위해서 헌신했다면 이제는 인생의 후반전을 준비한다고 생각하고 남은 시간 동안 가정을 생각하면서 가족들에게 신경 써야 한다. 그러면서 사내 정치로 밀려났던 당시의 연루자들을 잊지 말아야 한다. 만일 동안 감옥 생활을 했던 넬슨 만델라 대통령의 "용서를 하되 잊지는 않는다."는 말의 의미를 생각하면서 나태하고 게으른 나를 이기기 위해서 노력해야 한다. 이제는 남과 싸움을 하는 것이 아니라 자기 자신과 서열 싸움을 해야 한다.

11. 고통이 겸손을 부른다

사람이 아프고 고통스러우면 겸손해진다. 힘이 넘치고 기운이 넘치고 활력이 넘칠 때에는 하늘 높은 줄 모르고 행동하게 된다. 정말이지 승승장구할 때는 무소불위의 권력을 가진 것과 같은 생각이 든다. 하늘을 나는 새도 떨어뜨릴 수 있을 정도의 자신감이 벅차오르게 된다. 하지만 그러한 것은 계속해서 자만을 부르고 서열에 대한 욕망을 갖게 하는 원인이 된다.

반대로 자기가 몸이 아프고 고통스러우면 세상을 바라보는 눈이 조심스럽게 느껴진다. 자기가 아프고 고통스러우면 겸손해진다. 위풍당당하다가 아픔과 고통을 느끼면 자연스럽게 힘이 없어지고 자기가 더 당당하게 나서려고 해도 힘이 생기지 않아 오래도록 당당함을 유지할 수 없게 된다.

아픔과 고통은 겸손하라는 신호다. 아프고 고통스러우면 한 템포 쉬어 가라는 징후다. 사람이 건강하고 힘 있게 나갈 때는 모든 것이 자기 뜻대로 될 것 같은 착각에 놓이게 된다. 자기가 하고 싶은 것은 무엇이든 자기가 마음을 먹으면 될 것 같은 생각을 하게 된다. 하지만 그러다가 건강에 이상이 생기고 몸이 아프면 그런 생각이 얼마나 오만한 생각이었는지를 스스로 알게 된다. 자기 생각이 얼마나 그릇된 생각이고 얼마나 안일하고 쓸데없는 생각이었는지 알게 된다.

그러므로 늘 아픈 환자가 의사를 대하는 것과 같이 사람들을 대함에 있어서 약간은 자기에게 아픔이 있는 사람처럼 대해야 한다. 자기의 건강을 과시하면서 자기는 의사와는 별 볼일이 없을 것이라는 생각으로 다른 사람을 대하지 말아야 한다. 또 자기보다 서열이 낮은 사람을 대할 때에는 의사의 입장에서 환자를 대하는 것처럼 해야 한다. 환자에게 어떤 병이 있고 그 환자를 낫게 하기 위해서는 어떠한 수술을 하고 처방해야 하는가를 알려고 하는 의사처럼 말이다.

때로는 서열이 높은 사람이 환자 역할을 해야 하는 경우도 있다. 또 서열이 낮은 사람이 의사의 역할을 해야 하는 경우도 있다. 모든 서열이 항상 동일하고 항구적으로 변함없이 역할을 하는 것은 아니다. 시간이 흐르고 세월이 흐르면 서열은 바뀌게 되어 있다. 또 부모와 자식 간의 관계처럼 서열은 유지가 되지만 그에 따른 역할이 바뀌는 경우도 있다.

일례로 부모가 젊을 때는 부모가 의사가 되고 자식이 환자가 된다. 하지만 부모 연세가 많아지면 자식이 의사 역할을 해야 하고 부모가 환자 역할을 하게 된다. 주객이 바뀌는 것이다. 그렇다고 해서 서열이 바뀌는 것은 아니다. 역할이 바뀌는 것이다. 부모가 젊을 때에 자식을 돌봐주었다면 나중엔 자식이 부모를 봉양해야 한다. 서열이 변화되지 않아도 역할이 바뀌게 된다는 것을 알아야 한다.

아무리 건강을 과시하던 사람도 어느 순간 치유할 수 없는 나쁜 병에 걸릴 수 있다. 의사도 아프면 환자가 된다. 중이 제 머리를 깎을 수는 없다. 그러므로 중병에 걸릴 때까지 기다리지 말고 수시로 건강진단을 잘 받아야 한다. 또한 자기가 늘 건강한 의사라는 생각을 버려야 한다. 자기도 잔병치레 하는 환자라는 것을 항상 인지해야 한다.

흔히 치과는 가능한 한 빨리 가는 것이 좋다고 말한다. 아프지 않다고 차일피일 미루다 보면 간단히 때워야 하는 치아도 결국에 발치해야 하고 인공치아를 심어야 하는 상황에 이르게 된다.

흔히 성인병이 무서운 이유는 성인병은 일정 기간 동안에 특별한 증세가 나타나지 않기 때문이다. 성인병은 일단 병이 발견되면 말기이거나 손을 쓰려야 쓸 수 없는 상황에 이르게 된다. 그래서 고통보다는 무고통일 경우가 더 위험하다.

아프지 않고 고통이 없다고 그대로 방치하면 오히려 더 큰 병에 걸리게 된다. 그러므로 아픔이 없어도 외적으로 보기에 조금 이상하다고 생각이 들면 즉각 건강진단을 받아 봐야 한다. 아울러 조그마한 고통도 감지하고 인식해서 바로 치유하고 그러한 고통을 토대로 건강한 삶을 영위할 수 있도록 자기 감각을 더욱 강화해야 한다. 오감으로 그 고통을 신속하게 알 수 있도록 늘 깨어 있어야 한다. 그러면서 언제든 그러한 고통은 온다는 생각으로 겸손한 마음을 가져야 한다. 건강을 과신하지 말라는 것이다.

마찬가지로 서열이 높다고 그 높은 서열이 계속해서 유지될 거라고 생각하지 말아야 한다. 자기의 서열이 언제든 무너질 수 있다는 생각으로 늘 깨어 있어서 자기 서열이 건강한지 여부를 진단해야 한다. 그래서 약해 빠진 곳을 보강하고 언제든 강한 부분도 약해질 수 있다는 생각을 가져야 한다. 건강을 과시하지 말아야 하듯 자기 서열을 과시하지 말라는 것이고 건강을 조심스럽게 관리하듯이 겸손으로 자기 서열을 더욱 건강하게 해야 한다.

12. 말소리를 낮춰라

사자소학에 어른이 있을 때는 말소리를 낮춰야 한다는 말이 있다. 서열이 높은 사람 혹은 어른이 있을 때에는 말소리를 낮춰야 한다. 더구나 한 공간에서 같이 일할 때는 자신의 소음으로 인해 상사의 업무에 지장이 없도록 해야 한다. 전화하는 것부터 컴퓨터 키보드를 두드리는 소리까지 되도록 조심하는 것이 좋고 상사가 신경 쓰지 않도록 전화 벨소리도 무음으로 설정하는 것이 기본적인 매너다. 그렇지 않고 시끄럽게 떠들거나 목청을 높이는 것은 서열 높은 사람을 무시하는 행동이다. 상사 입장에서도 부하가 자신을 무서워하지 않는다고 오해할 수 있다. 사무실에서 친구와 장난 전화를 하는 직원, 1분이면 될 업무 전화를 사적인 일까지 더해서 10분이 넘도록 길게 하는 직원, 상사가 다른 사람과 대화 중인데 자신의 통화 소리가 상사의 소리보다 큰 경우도 피해야 한다. 그런 직원들은 상사의 눈 밖에 나기 쉽다. 상사가 싫어하는 것이 문제라기보다 윗사람과 함께하는 공간에서 필수적으로 지켜야 할 기본 수칙인 것이다.

서열이 높은 사람 앞에서 안하무인으로 떠들면 상사의 입장에서는 그 부하가 상사를 우습게 본다고 생각한다. 물론 상사가 그 직원의 전화 소리를 들으면서 업무적인 정보를 얻을 수도 있고 직원이 열정을 다해서 업무를 하고 있다는 것을 확인할 수도 있다. 직장 생활을 하다 보면 입으로 떠들면서 요란하게 일하는 사람이 있는 반면, 소리 소문 없이 자기가 맡은 일을 묵묵히 하는 사람도 있는데 웬만하면 소리 소문 없이 업무를 처리하는 것이 좋다. 굳이 상사에게 알리고 싶고 특별히 보고해야 하는 사항은 메일이나 서면, 구두로 정식 보고하는 것이 좋다. 애써 떠들지 말라는 것이다.

사무실에서 말을 많이 하는 것은 정치적으로 자기 업무를 홍보하고 마케팅을 하는 측면에서는 유리할지 모르지만 업무 관련한 내부 정보가 다른 사람에게 흘러들어 갈 수 있으므로 주의해야 한다. 또한 자기의 성향을 드러내게 되고 무엇보다 다른 사람의 업무에 방해가 된다. 특히 상대방이 몰입해서 중요한 업무를 해야 하는데 자꾸 옆에서 잡음을 내면 그로 인하여 방해를 받게 된다.

간혹 전화하면서 고객과의 갈등으로 인해서 목소리를 높이며 싸우는 사람도 있다. 자기의 성격이 얼마나 불같은지를 보여 주려는 심산으로 화를 내면서 목에 핏대를 세우는 사람도 있는데 업무 중 화를 내는 것은 이유 여하를 막론하고 커다란 손해라는 것을 알아야 한다.

부동산을 소유할 때는 그 부동산의 지상권도 포함된다고 민법에서는 말하고 있다. 그 땅과 그 건물을 소유하고 있다는 것은 그 땅과 건물의 지상권과 햇빛을 받을 수 있는 권리도 함께 가지고 있음을 말한다. 마찬가지로 상사가 미치는 시선과 상사의 청각이 머무는 공간까지는 상사의 영역으로 인지해야 한다. 사무실에 있어도 상사가 있을 때는 그 사무실은 상사의 사적인 영역이라고 생각해야 한다. 그래서 상사가 있을 때는 전화를 받는 소리를 낮춰 상사가 듣지 않도록 해야 하고 상사의 업무에 방해가 되지 않도록 주의해야 한다.

퇴근 시간에 서열이 높은 사람이 있을 때는 눈치를 봐야 하듯이 전화를 받을 때도 신중하고 주의해야 한다. 특히 서열 높은 사람이 있을 때 사적인 전화가 왔을 때는 자리를 이동해서 받아야 한다. 조직에서의 시간은 항상 조직을 위해서 사용해야 하고 직장에서는 사적인 전화를 하지 않는 것이 좋다. 조직 생활을 하면서 공사를 명확하게 구분하지 않고 일하는 것은 상사에게 좋지 않는 이미지를 남기는 것이다. 그러므로 공과 사를 분명히 해야 한다.

관계에 있어서 친근한 사람과 별로 친하지 않는 사람, 혹은 사적으로 친한 관계와 공식적인 사람간의 관계에서 적정한 거리가 있어야 한다. 너무 가깝지 않고 너무 멀지도 않아야 한다. 사람 간의 관계에서 거리가 필요하듯 상사와 서열의 관계에서도 일정한 거리가 필요하다.

일반적으로 서열이 높은 사람과 낮은 사람과의 거리는 직급과 지위의 높이에서 오는 심리적인 거리의 제곱이라고 말한다. 이것이 켈의 법칙(Kel's Law)이다. 켈의 법칙에서 말하는 바와 같이 지위가 높아지면 높아질수록 심리적인 거리가 더 멀어진다. 그러므로 상사 입장에서는 가급적이면 그 거리를 좁히기 위해 친근함을 느끼게 해야 하고 지위가 낮은 상사의 입장에서는 가급적이면 직원들이 거리감을 느끼지 않고 함부로 그 영역을 침범할 수 있는 여지가 있다고 생각하면 엄하게 거리를 유지하는 것이 좋다.

만약 사무실에서 고성방가를 일삼는 상사라면 어떻게 할 것인가? 자기보다 더 큰 목소리로 소리를 지르는 상사일 경우에는 그 상사의 소리에 일부러라도 귀를 기울여야 한다. 서열이 높은 사람이 소리를 크게 내는 이유는 간접적으로나마 자신의 기분을 전하려는 의도가 다분하다고 봐야 한다. 그러므로 서열 높은 사람이 큰소리로 이야기하고 전화를 하면 그 소리를 잘 듣고 자신이 어떻게 처신할 것인가를 스스로 감을 잡아야 한다. 그렇지 않고 눈치 없게 상사가 큰 소리로 말해서 집중이 안 된다고 짜증내거나 자리를 박차고 사무실로 나가는 행동은 상사에게 찍히는 지름길이다. 상사 입장에서는 자기가 하는 말에 귀를 기울이지 않는 부하 직원이라고 생각할 수밖에 없다. 그러므로 직접적인 대화가 아니어도 상사의 말에 경청(傾聽)해야 한다. 아울러 상사가 하는 대화 속에서 자기가 어떻게 처신해야 하는지 생각해 보고 그 말 속에 담겨 있는 본질이 무엇인가를 발견해야 한다.

13. 관계는 서열 유지의 자양분이다

사람은 본능적으로 생존과 번식을 위해서 산다. 사람이 살아가는 본질적인 목적은 생존과 번식에 있다. 즉 자기가 살아야 하는 생존에 의한 욕구와 자기 종족을 유지하고자 하는 번식의 욕구가 있다.

| 생존과 번식을 동시에 추구하라 |

성공하는 것은 생존에 대한 것이고 성공해서 사세를 확장하는 것은 번식에 대한 것이다. 건강하게 오래 사는 것은 생존에 대한 것이고 자식을 나아서 기르는 것은 번식에 대한 것이다. 식물이 성장하는 것은 생존에 대한 것이고 꽃을 피우고 열매를 맺어서 씨를 뿌리는 것은 번식에 대한 것이다. 이처럼 모든 자연의 원리에는 생존과 번식의 공식이 적용된다. 또 일상생활뿐 아니라 모든 생활 속에도 생존과 번식에 대한 공식이 적용된다.

조직 생활을 함에 있어서 서열을 유지하는 것도 결국은 생존에 대한 것이며, 서열이 높은 사람이 자기 주변에 인맥을 형성해서 자기 세력을 많이 확장하는 것은 번식에 대한 것이다. 이러한 생존과 번식에 대한 단순한 프로세스만 이해해도 서열이 높은 사람을 어떻게 섬겨야 하고 그 사람과 함께 공존하면서 성장하기 위해서는 어떻게 해야 하는가에 대한 해답을 내릴 수 있다.

　서열이 높은 사람은 자기의 자리를 지키고 권력을 키우려고 하는 속성이 있음을 알아야 한다. 즉 자기 자리를 지키는 것은 생존에 대한 것이고 자신의 권력을 더 키우고 확장을 하는 것은 자기 권력을 번식시키는 행위라고 볼 수 있다.

| 고여 있는 물은 썩는다 |

　고여 있는 물은 썩기 마련이다. 서열도 마찬가지다. 계속해서 정체된 서열은 눈에 띄는 성과를 낼 수 없다. 계속해서 한 자리에 안주하는 것을 좋아하는 사람은 없다. 일정한 시기가 지나고 상당한 수준의 실력이 쌓이면 승진을 해서 서열에 변화가 있어야 한다. 서열도 생물이다. 움직이고 변화해야 한다. 만년 과장 혹은 만년 대리로 조직 생활을 해야 하는 것은 썩은 서열이다. 그런 서열에는 동기 부여가 되지 않는다. 즉 무엇이든 한 자리에 오래 머물러 있으면 매너리즘에 빠지게 되고 그로 인해서 결국에는 무료한 삶을 살게 된다. 그래서 모든 일을 함에 있어서 생각을 하지 않고 무의식적으로 아무 생각이 없이 생활하게 된다. 희망도 없고 이도 저도 아닌 생활을 하는 것이다. 마치 기계처럼 말이다. 매일매일 아무 생각 없이 동일한 행위를 반복하는 것은 어찌 보면 편리하고 단순해서 좋다. 아무 생각 없이 그냥 하면 되기 때문이다. 하지만 동일한 것을 반복하면 매너리즘에 빠지게 되고 생각이 말살되며 지루한

생활을 하게 된다. 일에 재미가 없어지고 결국에는 회의감에 빠지기도 한다. 그러므로 자신이 하고자 하는 일에서 생동감을 찾고 활력을 찾기 위해서는 반복과 함께 창의성이 가미되어야 한다. 계속해서 반복적으로 끊임없이 하되 어제와 다른 특별하고 창조적인 생각이 가미가 되어야 한다. 그래야 지루함 없이 매번 새롭고 참신한 마음으로 일에 임할 수 있다.

 서열을 갖게 되는 것이 생존이고 서열을 확장하는 것이 번식이라고 딱 잘라서 말할 수는 없다. 서열을 갖게 되는 것은 서열의 생존에 대한 것이다. 아울러 서열을 유지하기 위해서 노력하고 서열을 확장하기 위해서 노력하는 번식 역시도 생존을 위한 것이라고 볼 수 있다. 생존하는 것 자체가 번식이고 번식하는 것 자체가 생존이다. 태초에 시작하는 것이 번식이고 번식하는 과정에서 새로운 생명이 잉태되며 그 잉태되는 생명이 생존을 위해서 노력하는 과정이 번식의 과정이다.

 서열이 높은 사람은 생존을 위해서 자기에게 저항하는 사람을 가만두지 않는다. 아울러 자기 서열을 번식하기 위해서 자기의 말을 잘 따르거나 자기편이라고 생각하는 사람을 요직에 앉혀서 자기의 세력을 확장하고 번식하기 위한 일련의 활동을 하게 된다.

| 강자에게 잘 보여라 |

　서열이 낮은 사람 역시 생존을 위해서 자기보다 서열이 높은 사람에게 아부하고 강자의 말에 복종하면서 내침을 당하지 않기 위해 노력한다. 낮은 서열이어도 그 서열에서 더 큰 세력을 확보하기 위해 노력하고 자기 세력을 키우기 위해서 열정을 다해 내공을 기른다. 인맥을 형성하고 관련 교육을 받고 자기 부하에게 인정을 받는 등 자신의 낮은 서열 공간에서조차 서열이 높아 보이도록 그 서열에 맞는 진을 세우고서 제반 활동을 하게 된다.

　서열이 낮은 사람이 조직에서 살아남기 위해서는 강자에게 잘 보여야 한다. 이때 서열이 높은 사람에게 생존과 번식에 대한 욕구를 채워 주는 가장 좋은 방법은 자기가 아는 다른 사람을 소개해 주는 것이다. 그렇게 하면 자기는 서열이 높은 사람에게 잘 보여서 좋고 그로 인해서 자기가 생존의 욕구가 채워지게 되고 자기가 아는 사람을 서열이 높은 사람에게 소개를 함으로써 자기 세력이 더 넓어지는 번식의 영향을 주게 된다.

　서열이 높은 사람의 입장에서도 인맥을 형성함으로써 자기 권력을 알릴 수 있고 자기 인맥을 넓힐 수 있는 이점이 있다. 특히 부하 직원의 소개로 연결된 사람 중에서 자기에게 유용한 사람을 선별해서 인맥을 쌓을 수 있는 이점이 있어서 좋다. 또한 그냥 아무 정보 없이 만나는 것보다 신뢰도가 높은 이점도 있다.

사람을 연결하는 입장에서는 가능한 서열이 높은 사람에게 생존과 번식에 도움이 되는 사람을 연결해 주는 것이 좋다. 아울러 필요한 경우에는 자신에게 도움이 되는 인맥과 정보가 많다는 것을 상사에게 은근히 알리는 것이 좋다. 그렇게 함으로써 서열이 높은 사람에게 자기를 각인시키고 자기의 자리를 견고히 해야 한다.

특히 남성의 경우에는 자기의 권력을 유지·확장하기 위해서 대인 관계를 활용하는 성향이 있다. 즉 자기의 권력이 튼실하고 자기가 누구의 라인이고 자기 주변에는 어떠한 사람들이 많이 있으며 자기를 뒤에서 봐주는 사람은 어느 정도 권력을 가진 사람이 있다는 것을 자랑스럽게 떠벌리는데, 이는 자기 권력 기반을 튼튼하게 하기 위함이다. 자기 주변에는 자기를 지켜 주고 후원을 해 주는 사람들이 많이 있으니 자기 권력에 함부로 대항하지 말아야 하며 만약의 경우에 자기 권력에 항거하는 경우에는 과감하게 숙청하고 단죄할 것이라고 자기 위세를 떨치는 것이다.

서열이 높은 사람에게 사람을 소개해 주는 것은 그 당사자와도 좋은 관계를 유지할 수 있는 기회를 준다. 그런데 자칫 그 사람을 소개할 경우 자기가 밀려날 수도 있다는 의구심이 든다면 결코 그 사람을 소개하지 말아야 하며 자기 자리에 좋은 영향을 주는 사람을 소개해 주어야 한다.

14. 윗선의 욕구를 채워 주어라

　서열이 높은 사람들의 공통적인 속성 중 하나는 다른 사람으로부터 자기가 서열이 높다는 것을 인정받고 싶어 한다는 것이다. 자기가 높은 자리에 있다는 것을 은근히 알리고 싶어 하고 자기가 근사한 사람이라는 것을 다른 사람에게 알리고 싶어 한다. 또 자기가 성공한 사람이고 돈이 많고 영향력이 있고 자기가 한마디를 하면 다른 사람들이 아무런 대꾸도 하지 않고 순순히 움직인다는 것을 다른 사람에게 과시하고 싶어 한다.

　임금님 귀는 당나귀 귀라는 우화에서 알 수 있듯 자기가 하고 싶은 말을 다른 사람에게 하지 못하면 그로 인해 속병이 걸리게 된다. 권력이 있고 서열이 높은 사람을 속병 들게 하는 것은 바로 자기가 이룬 성과나 권력을 다른 사람들에게 과시하지 못하는 것이다. 그런데 다행스럽게도 자기가 서열이 높은 것을 외부에 알릴 수 있는 기회를 주는 경우가 있다. 그것은 바로 회식이다. 회사에서 조직적으로 생활할 때는 회사 사람들은 알지만 그 사람들은 늘 보는 사람이다. 그래서 처음에는 지시하고 통제를 하면서 자기 권력의 힘을 과시하게 된다. 그런데 그것이 오래도록 계속되면 그것 역시도 재미가 없다. 그래서 자기가 가진 권력의 힘을 사내의 차원이 아닌 사외에서 느끼고 싶어 한다. 그런 기회로 삼는 것이 바로 회식 자리다.

| 회식을 최대한 활용하라 |

 직장 상사는 회사 내에서는 회의 및 보고가 있을 때나 특정한 모임이나 행사가 있을 때 공적으로 자기의 권력을 과시하고 드러내면서 인정의 나르시시즘을 느낀다. 말이 인정의 나르시시즘이지 달리 말하면 직책의 권력이 주는 달콤한 맛을 느끼려고 하는 것이다. 그래서 직장 상사들이 비공식적으로 가장 많은 인정의 나르시시즘을 느낄 수 있는 자리가 바로 회식 자리인 것이다. 또 회사 조직 안에서의 권력이 밖에서도 통하는지를 알 수 있는 기회도 회식 자리다. 서열이 높은 사람을 예우하는가 혹은 다른 서열이 낮은 사람이 대항하진 않는가를 살피는 계기로 삼기도 한다.

 회식 자리는 조직원들이 서로 단합하고 서로의 파워를 키우는 기회이지만 서열 높은 사람에겐 회사가 아닌 곳에서 자기의 권력을 시험하는 곳이다. 그래서 회식 중에 자기 서열에 대한 나르시시즘을 충분히 느끼려고 한다. 음식을 먹어도 자기가 먼저 먹고 건배를 해도 먼저 하는 것이다. 또 자신의 앞에서 취한 척하지 않기 위해 애쓰는 직원들을 보면서도 나르시시즘을 느낀다. 이뿐 아니라 식당 주인이 특별히 서비스 요리를 대접하는 경우에도 인정의 나르시시즘을 느낀다. 상사이기에 상석에 앉고 다른 사람보다 특별한 예우를 받고 평소에는 아부도 안하고 딱딱하게 표정이 굳어 있고 경직된 모습을 보이던 부하가 이제는 유연하고 부드러운 태도로 아부하는 모습을 보이니 얼마나 좋겠는가. 그야말로 최상의 나르시시즘을 느끼게 된다. 그래서 상사들은 조직의 파워를 유지한다는 이유로 간간히 회식을 한다. 특히 상사가 술을 좋아하거나 인정의 나르시시즘을 느끼고 권력을 취하려는 욕구가 강하면 강할수록 더욱더 그런 회식 자리를 선호한다는 것을 알아야 한다.

또 한편으로는 회식을 하면서 자기 권력이 어디에서 누수가 되고 있고 자기 권력을 유지·개선하기 위해서는 누구를 건드려야 하며 자기 조직에서 조직이 잘못되도록 브레이크를 거는 사람과 조직이 잘되도록 가속 페달을 밟는 사람이 누구인지를 판가름하는 기회로 삼는다.

일상적인 생활을 할 때는 속에 있는 이야기를 하지 못하는 사람들도 술자리에 놓이면 자기가 하고 싶어 하고 평소에 가슴에 담고 싶었던 말을 거침없이 한다. 그간에 불평불만이 있어도 이성으로 다스리고 억제했던 것들이 술로 인해 이성이 마비가 되어 속에 숨기고 있던 말들을 거침없이 하게 되는 것이다.

상사 역시 평소에 공식적인 자리에서 하지 못했던 말을 사적인 자리에서 인간적인 모습으로 이야기할 수 있다. 회사 정책에 대해서, 조직이 나아갈 방향에 대해서 선배로서 혹은 후배로서 선후배님들에게 도움을 청한다는 말을 하는 등 은근슬쩍 공적인 자리에서 하지 못했던 이야기를 한다.

그런 점을 유념하여 상사가 주관하는 회식 장소에는 가급적이면 참석해야 한다. 그래서 자기보다 서열이 높은 사람이 권력의 나르시시즘을 최대한으로 느낄 수 있도록 해야 한다. 그러는 것이 바로 서열이 높은 사람의 채찍을 피하는 길이다. 기껏 회식에 참석해서 머리 숫자만 채우고 그냥 오는 사람도 있는데 그것은 처신을 잘못한 것이다. 회식에 참석하면 이왕 귀한 시간을 내었으니 상사가 나르시시즘을 느낄 수 있도록 상사를 치켜세워 주어야 한다. 또 술을 아무리 마셔도 긴장을 늦추지 말아야 한다. 또 술을 마신 다음 날에는 평소보다 더 일찍 출근해서 건재한 모습을 보여야 한다.

가장 주의해야 하는 경우는 술을 마실 때도 과음으로 인해서 상사 앞에서 주태를 부리지 말아야 하고 아무리 술을 마셔도 말을 많이 하지 말아야 한다. 술이 취한다고 생각하면 상사의 양해를 구한 연후에 술자리에서 빠져나오는 것이 가장 현명한 방법이다. 아울러 상사가 주관하는 회식은 회식을 시작하는 시점부터 끝나는 시점까지 늘 긴장해야 한다.

정리하면 취중에 말실수를 하지 않아야 하고, 술을 마시고 실수하지 말아야 하고, 회식 중에도 예의를 잘 차려야 한다. 그것이 상사를 잘 모시는 길이다.

Chapter 3
| 서열 순위를 올려라 |

Chapter 3

[서열 순위를 올려라]

1. 서열이 변경된다는 사실을 잊지 마라

꼴등으로 있다가 180도 돌면 꼴등이 일등 된다. 꼴등에 있다면 그런 변화의 시점을 생각하면서 기다려야 한다. 기다리면 반드시 꼴등이 일등이 되는 날이 올 거라는 확신을 가져야 한다.

| 세상은 돌고 돈다. 모든 것은 변한다 |

사람 팔자 모를 일이다. 어느 날 재수가 좋아서 노다지를 거머쥘 수 있고 또 어떤 날은 똥을 밟을 수도 있다. 운칠기삼이라고 아무리 노력해도 운이 없으면 행운을 잡을 수 없다. 모든 일에는 행운이 뒤따라야 한다. 행운이 함께하는 생활은 노력에 달려 있다. 노력하고 인내하고 애쓴 만큼 운이 따른다. 그런데 그 행운이라는 녀석도 가

만히 있으면 오지 않는다. 자기가 필사적으로 노력해서 운을 거머쥐어야 한다. 또 근성 있고 끈질기게 노력해야 운이 따른다.

최선을 다하고 나면 일단은 기다려야 한다. 자기가 해야 하는 바를 다해 놓고서 기다려야 비로소 행운이 뒤따르는 것이다.

| 서열에서 내려와야 하는 징조 |

서열이 높다고 결코 방심하지 말아야 한다. 서열이 높은 사람이 내려와야 하는 시점은 아랫사람이 우습게 보이거나 자기가 제일이라는 생각이 들 때다. 또 자기가 하는 일을 남에게 미루는 걸 좋아하거나 남들이 자기에게 뭐라도 갖다 바치는 것을 좋아하면 내려와야 하는 시점이라고 생각해야 한다. 사실 높은 자리에 있으면 뇌물을 받고 싶은 마음이 생긴다. 꼭 물질적인 이득이 아니어도 뇌물을 받는다는 자체만으로 서열이 높은 것에 대한 성취감을 느끼는 것이다. 자기 서열이 다른 사람보다 높다는 것에 우월감이 생긴다. 아무리 투명하고 윤리적인 사람도 뇌물을 받고 싶어 하는 본능적인 욕구가 있다. 자기가 서열이 높음에도 명절에 아무도 찾아와 주지 않고 선물 하나 들어오지 않으면 자기가 이빨 빠진 호랑이와 같다는 생각을 할 것이다. 한편으로는 자기가 뇌물을 받지 않고 청렴하게 생활하고 있다는 반증이지만 내심 서운한 감정을 갖는 것이 사람의 본능이다. 그래서 높은 자리에 있을수록 탐욕의 유혹에 빠질 수 있는 위험이 많다. 그러므로 뇌물을 멀리해야 한다. 혹여 다른 사람이 뭔가를

해 줬으면 하는 생각을 갖거나 누군가 자기에게 선물해 주기를 바라는 마음이 있다면 그 자리에서 내려와야 하는 시점이라고 생각해야 한다.

 선물이나 뇌물을 받지 않기 위해서는 아예 처음부터 그것을 받지 않아야 한다. 처음에 작은 것이어도 나중에는 큰 것이 된다. 바늘도둑이 소도둑이 되는 것이다. 어떤 소도둑이 말하길 자기는 송아지를 훔칠 생각도 하지 않고 무심코 고삐를 주워서 가지고 왔는데 거기에 송아지가 묶여 있더라는 것이다. 이처럼 뇌물수수죄로 걸린 사람들은 한결같이 자기는 뇌물을 받지 않았다고 말한다. 자기가 받은 것은 대가성 뇌물이 아니라 순수한 선물이라고 말한다. 뇌물이라는 것이 그러하다. 처음에는 상대방과 친분을 유지하기 위해 순수한 생각에서 받는다. 선물은 통상적 수준에서 받을 수 있는 것이고 사람과 사람이 함께 원활하게 거래하고 왕래하기 위해서는 응당 그 정도는 받을 수 있다고 생각한다. 하지만 점점 그 횟수가 더해지고 그것이 반복되면 주는 사람도 받는 사람도 점점 규모가 커지게 된다. 주는 사람 입장에서는 종전보다 더 나은 것을 주어야 한다고 생각하고 받는 사람의 입장에서는 더 큰 것을 줄지도 모른다고 기대한다. 그래서 횟수가 반복될수록 더 큰 것을 주고받게 된다. 또 서열이 올라갈수록 그 서열에 상응하는 뇌물을 주려고 하는 것이 사람의 심리이다. 어린아이에게 세뱃돈을 적게 주지만 대학생에게는 세뱃돈을 더 많이 주려고 하는 것과 같다.

쾌락이나 기쁨은 횟수가 반복될수록 더 큰 쾌락과 기쁨을 누리려는 본능이 있다. 처음에는 작은 것에서 행복을 느끼고 건강하게 숨 쉬면서 살고 있다는 것에서 행복을 느끼던 사람도 그것이 지속되면 싫증을 내게 되고 점점 더 새롭고 강한 것, 더 풍요롭고 풍족한 삶을 살기 위해 욕심을 부린다. 그것이 사람의 본능이다. 그러므로 그러한 생각이 들 때나 자기에게 권력이 집중되어 다른 사람들이 뇌물을 바치고 선물하는 경우가 있다면 자기가 그 자리에서 내려와야 하는 시점이라고 생각해야 한다. 또 다른 사람들이 자기를 서열 높은 자리에서 끌어내리려고 유혹하는 악마라고 생각해야 한다. 그래서 과감히 그것을 사양해야 하고 그 사람을 호되게 꾸짖어야 한다. 일단 한 번 받게 되면 다음에도 계속해서 받을 확률이 높기 때문이다. 그래서 무엇이든 처음이 중요하다. 무엇이든 첫 단추를 잘 꿰어야 한다.

특히 자기보다 높은 서열에 있는 사람이 자기의 서열이 높아지는 것을 두려워하거나 의심스럽게 생각하는 경우에도 서열을 내려놓아야 하는 시점이라고 생각해야 한다. 지나치게 자기에게 힘이 모이고 권력이 집중되면 자기보다 서열 높은 사람의 표적이 되기 쉽다. 그러므로 자기에게 권력이 집중되면 빨리 그 의심에서 벗어나야 한다. 즉 자기보다 더 서열 높은 사람에게 충성심을 보여야 한다. 그래야 그 서열을 유지할 수 있다. 그렇지 않고 권력이 자기에게 쏠리고 있고 자기에게 대세의 흐름이 쏠리고 있다는 오만한 생각을 하면 자기보다 더 강한 권력자에게 치명적인 타격을 받을 수 있다. 아울러 서열 높은 자리에 있으면 언제든 서열이 바뀐다는 점을 알아야 한다.

이제는 십 년이 아니라 삼 년도 권력을 유지하기 어려울 정도로 세상이 쾌속하게 변하고 있다. 그러므로 자기가 서열이 높다고 과시하지 말아야 한다.

모든 것은 극에 달하면 쇠한다는 말이 있듯이 권력도 극에 달하면 쇠한다는 생각을 해야 한다. 영원불멸한 권력은 없다. 권력은 복지부동하는 죽어 있는 물질이 아니라 생생하게 살아서 움직이는 생물이다. 그러기에 서열이 높은 자리에 있어도 항상 눈은 낮은 곳을 겨냥하고 자기 자리보다 더 낮은 곳에서 생활해야 한다. 서열이 높은 자리를 비워 놓고 지낸다는 생각을 해야 한다.

오기열전에서 오기 장군이 객관적으로 적보다 열세한 조건에서도 전투에서 승리했던 것은 그가 병사들과 함께 산전수전을 함께했기 때문이다. 자기가 장군이라고 특별한 막사에서 호화롭게 생활한 것이 아니라 야전에서 직접 병사들과 부딪히면서 생활했기에 병사들에게 신뢰를 얻은 것이고, 많은 사람들이 인정받는 훌륭한 장군으로 인정받게 된 것이다.

서열은 항상 변하기 마련이다. 인간의 감정이 주변 환경에 의해서 바뀌듯 서열이라는 것도 내적인 환경과 외적인 환경에 의해서 바뀐다. 달리기에서 줄곧 이등으로 달리던 사람이 결승선을 통과하기 직전에 일등을 제쳐 결승선을 통과하는 것처럼 어느 한 순간 자기가 예측하지 못하는 순간에 쉽게 변하는 것이 서열이다.

서열을 오래 유지하기 위해서는 높은 곳을 바라보기보다 낮은 곳을 바라봐야 한다. 한없이 위로 날고 싶은 이카루스라는 그리스 신이 태양을 향해 높이 올라가다 결국 납으로 만든 날개가 녹아서 떨어져 죽었다는 말이 있듯, 높은 서열에 오르기 위해서 계속해서 높은 곳을 겨냥해서 올라가려고 하면 결국 나락으로 떨어진다는 것을 알아야 한다. 그러므로 서열이 낮은 사람이 서열이 높은 곳에 올라가기 위해서 절치부심 노력하고 혼신의 힘을 다해서 실력을 쌓는 것과 같이 서열 높은 곳에 있는 사람도 그 자리를 유지하기 위해 자만하지 말고 계속 학습하고 수련과 연마를 게을리하지 말아야 한다. 결국 서열을 오래도록 유지하는 길은 자기 수양에 있다.

청나라 4대 황제인 강희제가 61년이 넘는 보위 기간 동안 오래도록 왕좌를 지킬 수 있었던 것은 주색잡기에 빠져 있지 않고 항상 깨어 있었기 때문이다. 그는 학문에 열중하면서도 틈나는 대로 사냥을 하면서 건강을 다졌다. 자기를 수양하는 데 힘을 썼기에 오래도록 장수를 하면서 건강하게 왕좌를 유지할 수 있었던 것이다. 만약에 자기가 천하제일이고 천하를 다스리는 황제라고 남을 업신여기고 방만하고 타락한 생활을 했다면 그는 결국 몸이 쇠약해지고 기가 탕진해서 일찍 죽게 되었을 것이다.

2. 자기보다 높은 서열의 업무를 안다

서열 싸움에서 빠져 있어야 하고, 서열 싸움을 하지 말라고 해서 완전히 서열에 무관심해야 한다는 것은 아니다. 서열 싸움을 하지 않되 서열을 가진 사람들이 무엇을 하고 서열에 따라 해야 하는 일이 무엇인지 그 서열의 역할과 책임을 자세하게 알고 있어야 한다. 서열이 낮아도 서열이 높은 자의 업무를 알고 있어야 하고 서열이 높아도 서열이 낮은 사람이 무엇을 하는지를 알고 있어야 한다. 그래야 서열에 상응하는 예우를 할 수 있고 서열이 높은 사람에게 홀대나 천시를 받지 않기 위해서는 어떻게 처신해야 할지를 알게 된다. 그렇지 않고 서열이 높은 사람이 시키는 것만 하고 제 3의 세력권에 무관심으로 일관하다 보면 '블랙 스완(Black Swan)'의 저자 나심 니콜라스 탈레브(Nassim Nicholas Taleb)가 말한 바와 같이 어느 날 갑자기 칠면조가 추수감사절 칠면조 요리로 잔칫상에 오르는 것과 같은 현상이 발생될 수 있다는 것을 알아야 한다.

| 상사의 입맛에 맞는 맞춤형 직장 생활 |

서열이 낮아도 서열 높은 자의 업무를 알아야 하는 궁극적인 이유는 조직에서 살아남기 위해서다. 결국 높은 서열에 있든 낮은 서열에 있든지 간에 중요한 것은 그 조직에서 내침을 당하지 않고 오래

도록 버티는 것이다.

  서열의 높이와 조직에서 오래 버티는 정도는 비례하지 않는다. 오히려 서열 높은 사람이 조직에서 단명하는 경우가 더 많다. 더 이상은 올라갈 자리가 없어서 어쩔 수 없이 조직을 떠나야 하는 경우도 있고, 자기에게 주어진 서열에서 자기에게 주어진 역할과 책임을 다하지 못해 조직에서 내침을 당하는 경우도 있다.

  조직에서 오래 살아남기 위해서는 조직의 생리를 알아야 하고 자기보다 서열이 높은 사람에게 잡혀 먹지 않기 위해서는 그 사람의 심기를 건들지 말아야 한다. 더불어 자기보다 서열 높은 사람에게 잘 보이는 것이 좋다. 서열이 높은 사람의 눈 밖에 들지 않도록 언행을 바르게 해야 한다. 아울러 자기 조직에서 주어진 자기 역할에 충실해야 한다. 그래야 그 조직에서 롱런할 수 있다. 그런데 많은 직장인들이 굳이 서열에 신경 쓰지 않아도 자기에게 주어진 일만 잘하면 정년 퇴임하는 데 전혀 걱정이 없다고 생각한다. 그러나 그것은 조직 생활을 잘하는 것이 아니다. 오래 살아도 건강하게 살아야 하고 사는 맛이 있게 살아야 하며 인생을 즐기면서 살아야 한다. 병석에 누워 병약한 상태로 오래 사는 것은 좋지 않다. 마찬가지로 조직 생활을 하면서도 서열에 관심 없고 그저 시간을 때우면서 기본적인 업무만 고집하는 것은 절반만 잘하는 것이다. 즉 절반은 직장 생활을 잘못하고 있는 것이다. 그 이유는 상사를 관리하지 않는 데 있다. 아니 어쩌면 직장에서 오래 살아남기 위한 전부는 상사를 관리하는 것에 있다고 해도 과언이 아니다. 자기가 일을 아무리 잘해도 상사에게 잘못하거나 상사의 마음에 들지 않거나 상사가 원하는 형태로 성과가 나지 않는다면 그 일은 잘한 일이 아니다. 그렇다. 상사의 입맛에 맞도록 일을 하기 위해서는 상사가 처한 역할과 책임에 대해서 파악하고 있어야 하고 서열에 따른 역할과 책임을 알고 있어야 한다. 상사의 일은 상사의 상사에 의해 그 역할과 책임이 드러나게 되고 그 부하의 일의 성과에 의해 결실이 나오게 되어 있다. 그러므로 서열에 따른 역할과 책임을 알고 있으면 서열에 따른 사람의 성향에 맞게 제 역할과 책임을 다해야 한다.

 그러다 보면 서열이 높은 사람의 입장을 이해하게 되고 그 서열이 높은 자리에서 업무를 볼 수 있는 눈이 생기게 된다. 같은 일도 일의 속성과 특성을 알면서 일하는 것과 아무 생각 없이 일하는 것에는 차이가 많다. 일을 알고 하면 그 일을 효과적이고 효율적으로 할 수 있고 보다 창조적인 대안을 창안하여 일을 할 수 있다. 또 일하는 과정에서 무엇이 잘되고 어떤 점이 잘못되고 있는가를 객관적으로 바라볼 수 있는 혜안이 생긴다. 그래서 아는 것이 중요하다. 그로 인해 10시간이 소요되는 일도 1시간에 할 수 있고, 10명이 하던 일도 2명이 할 수 있는 여유가 생기게 된다. 무엇보다 시행착오를 최소화할 수 있다. 반면 일을 모르고 하다 보면 일의 속도도 느리고 일을 행함에 있어서 실수하게 된다. 우리가 낯선 길을 운전할 때는 속도도 더디고 운전을 온전히 즐길 수 없지만 익숙한 길은 능수능란하게 운전을 하면서 온전히 즐길 수 있는 것처럼 알면서 일을 한다는 것은 일을 함에 있어서 여유와 편안함을 준다. 시행착오를 줄이고 서두르지 않고 주변 상황을 돌아보면서 업무를 할 수 있는 장점이 있다.

| 서열 낮은 사람을 챙겨라 |

서열이 높아도 서열이 낮은 사람의 업무를 알고 있어야 한다. 개구리 올챙이 시절을 모르는 상사들의 특징은 서열이 낮은 사람들의 업무를 제대로 알지 못한다는 점이다. 자기가 서열이 높다고 서열이 낮은 사람의 업무를 홀대하고 전혀 알려고 하지 않는 상사도 있다. 자신이 서열 높은 사람을 챙긴다고 바쁘듯이 서열이 낮은 사람 또한 자기를 잘 섬겨야 한다고 생각하는 경우가 많다. 하지만 서열 높은 사람이 서열 낮은 사람의 업무에 관심을 가져 주고 그 사람의 일에 대해서 지도를 해 주는 것은 아주 당연한 역할이며 부하 직원을 사랑하는 관심의 표현이라고 볼 수 있다. 부하 직원의 입장에서는 자기 업무에 관심을 가져 주고 적극적으로 자기의 성장을 위해서 지도해 주는 상사에게 고마움을 느낄 것이다.

한편 서열이 낮은 부하의 입장에서는 상사의 업무에 대해서 이것저것 알려고 하지 말아야 한다. 상사의 입장에서는 부하직원이 자기 자리를 탐낸다고 오해할 수 있기에 상사가 보는 앞에서는 상사의 역할과 책임에 대해서 알려고 하는 모습을 보이지 않아야 한다. 만약의 경우 상사의 역할과 책임에 대해서 배우고자 한다면 그냥 묵묵히 그 상사가 지시하고 지침을 내리는 것을 실행하면서 물밑에서 학습해야 한다. 그래서 자기를 상사화 해야 한다. 상사의 자리에 오르는 것이 아니라 상사를 이해하고 상사를 공감하고 상사와 교감하는 정도로 '상사병'에 걸려야 한다. 그렇게 상사를 공부하다 보면 상사에게 인정받게 되고 핵심 인재로 평가해 주기에 결국 보다 높은 서열에 오를 수 있다.

결과적으로 서열이 높은 사람은 공개적으로 서열 낮은 사람의 업무를 알려고 해야 하고 서열 낮은 사람은 서열 높은 사람의 업무를 비공개적으로 알려고 해야 한다. 그래서 부하에게 인정받는 상사가 되어야 하고, 상사에게 인정받는 부하가 되어야 한다.

3. 조직을 먼저 생각하라

서열이 높은 사람의 경우 일이 발생되면 조직을 제일 먼저 생각한다. 조직원 개개인의 사정을 들어주거나 조직원의 아픔을 위해서 사적으로 힘을 써 주지 않는다. 마치 조직원을 위해서 개인적으로 희생을 하고 조직원의 아픔을 위해 자기를 희생하고 봉사하는 것 같지만 결국에는 자기 조직원의 힘을 더해서 조직 성장의 기틀을 유지하기 위함인 것이다.

| 조직을 이끄는 리더는 조직이 우선이다 |

조직을 이끄는 사람들은 한결같이 조직이 잘되기를 원한다. 제일 이상적인 것은 개인과 조직이 함께 성장하는 것이다. 개인과 조직의 비전이 상호 일치되어서 함께 성장하는 것을 원한다. 그것은 조직원들의 입장에서 볼 때 그러하다. 조직을 경영하는 사람의 입장에서는 언제나 늘 우선순위가 조직이다. 조직이 있어야 조직원이 있고 조직이 부자가 되어야 조직원들에게 많은 것을 나눌 수 있고 조직이 건강해야 조직원들이 건강할 것이라고 생각한다. 조직이 없으면 조직원들에 대한 존재 자체가 없어지는 것이라고 생각한다. 그래서 조직의 수장들은 조직원들에게 잘하는 것이고 희생하고 봉사를 하는 것이다. 조직이 잘되기 위해서는 조직원들을 잘 구슬려야 하고 그들이

자발적이고 능동적으로 힘을 쓰게 해야 진정으로 조직을 잘 이끌 수 있기 때문이다. 결국에는 조직의 성장을 최우선으로 생각한다.

그러므로 서열이 낮은 사람은 항상 서열이 높은 사람이 조직을 위해서 모든 것을 공적인 잣대로 판단하고 이해하고 평가한다는 것을 알아야 한다. 아무리 개인적인 일로 인하여 아픔이 있고 고통이 있어도 조직원의 사적인 일로 인하여 조직의 공적인 일이 지장이 없어야 한다고 생각한다. 그러므로 자기가 아무리 사적으로 바쁜 일이 있어도 공적인 일에 지장을 주지 않도록 해야 한다. 조직의 수장 입장에서는 항상 조직이 잘 운영되는가? 조직원이 사적으로 다른 일을 해도 조직의 일에 지장은 없는가를 항상 생각한다는 점을 알아야 한다. 그렇지 않고 자기 맘대로 판단해서 행동하다가는 상사에게 밉보일 수 있으므로 주의해야 한다. 조직을 이끄는 사람은 늘 "조직이 무엇인가 해 주기를 바라지 말고 조직을 위해 무엇을 할 것인가를 먼저 생각해야 한다."라고 말한다.

| 가족 같은 기업은 모순이다 |

경영자가 기업을 먼저 생각하는 것과 어머니가 가정을 먼저 생각하는 것은 차이가 있다. 경영자나 어머니나 조직 경영의 차원에서는 조직의 수장이지만 그 내면을 들여다보면 그 실상이 다를 수밖에 없다. 무엇보다 경영자는 기업의 이익을 위해서 기업 경영을 한다는

것이다. 행복한 기업을 만들고 가족 같은 보람찬 기업을 만든다는 것은 허울 좋은 명분이고 조직원들을 선동하기 위한 말일 뿐이다. 내적으로는 수익을 창출해야 하고 글로벌 무한 경쟁의 시대에서 살아남기 위해서는 그야말로 한 치도 긴장을 늦출 수 없다. 기업 경영은 그야말로 전쟁이다. 그러기에 기업의 성장을 위해 기업의 이익에 초점을 둔다. 기업 경영의 승부수가 이익이기 때문이다. 이에 반해 가정에서의 어머니는 가정의 행복을 위해서 뛴다. 가정이 행복하기 위해서는 우선적으로 가족들이 건강해야 하고 가족 구성원 한 사람 한 사람이 행복해야 한다. 가정의 행복은 그야말로 가족들 각각의 행복의 합이다. 어느 한 사람도 불행하지 않아야 한다. 모두가 행복해야 한다. 그래서 어머니는 가족 구성원 모두에게 헌신을 다한다. 그것도 전심전력을 다한다. 가족을 위해서 사랑과 정성으로 헌신하는 어머니의 사랑은 이 지구상에서 가장 위대한 사랑이 아닐 수 없다. 반대로 조직 경영에 있어 어머니와 같이 이익을 생각하지 않고 조직원만 생각하는 경영자는 없다. 공적인 모임, 공적인 성격을 가진 조직은 결코 조직원 개개인을 생각하지 않는다는 걸 알아야 한다. 어머니를 닮은 경영자는 없다. 어머니를 닮은 척하는 것뿐이다. 이익을 위해서 잠시 어머니 행세를 하는 것뿐이다. 그 점을 알아야 한다.

| 공사를 명확히 하라 |

조직의 수장으로 있는 사람이 조직을 먼저 생각하는 것은 그 서열

에 따른 역할과 책임 때문이다. 결코 인간적으로 그런 것이 아님을 알아야 한다. 자기가 사적인 정으로 인정을 베풀어서 그 사람을 돌 봐주고 안아 줘야 하는데 그러지 못하는 것은 조직의 수장으로 있기 때문이다. 또 군주론에서 말하듯이 공적인 조직을 이끄는 사람은 사적인 정에 이끌리는 약한 모습을 보이기보다는 공적으로 강한 모습을 보여야 한다. 그래서 사자나 여우 같은 근성을 보여야 한다고 말한다. 왜냐하면 공적인 조직을 이끌기 위해서는 늑대처럼 거친 사람도 있고 교활한 사람도 있기 때문이다. 그래서 힘으로 대항하는 사람에게는 호랑이의 근성으로 그 사람을 제압하고 교활한 술수로 응하는 사람은 여우와 같은 교활함으로 그 사람을 내쳐야 한다. 그래야 조직이 망가지는 것을 없앨 수 있기 때문이다.

서열이 낮은 사람의 입장에서는 서열이 높은 사람이 항상 조직을 우선으로 한다는 것을 생각해서 자기도 그만큼 조직에 대한 애정을 보여야 한다. 일반 조직원의 입장에서 볼 때 조직에 대한 사랑이 있다는 것을 표현하는 방법은 조직의 공적인 행사에 적극적으로 참여하고, 공적으로 이익이 되고 도움이 되고 조직의 성장에 유익함이 있다면 자못 개인을 희생하는 모습을 보이는 것이다.

사실 그 사람이 조직을 위해서 일을 하느냐 개인을 위해서 일을 하느냐에 대한 것은 상사의 입장에서 볼 때 확연하게 알 수가 있다. 개인의 이익을 추구하기 위해서 일을 하는 사람과 조직의 이익을 추구하기 위해서 일을 하는 사람은 큰 차이가 있다. 일을 접하는 태도가 다르고 문제가 생겼을 때 해결 방식이 다르다. 즉 주인 의식이 있는지 혹은 일에 대한 사명이 있는지에 대한 것을 알 수 있다.

　공적으로 조직을 생각하는 사람은 문제가 생기면 그 문제를 해결하기 위해서 더 배우고 어떡하든 문제 해결에 우선순위를 두고 접근하지만 그렇지 않고 조직보다 개인을 먼저 생각하는 사람은 문제가 발생되면 일단 책임을 피하기 위해서 문제에서 벗어나려고 한다는 것을 알아야 한다.

　서열이 높은 사람과 대화를 할 때는 조직의 운명에 대해서 조직의 사활에 대해서 조직의 일에 대한 이야기를 많이 해야 한다. 개인적인 이야기가 아닌 업무와 관련된 이야기를 하면서 서로 소통하고 교감해야 한다. 그것을 좋아한다. 경영자나 조직을 관리하는 책임자는 자기 말고도 조직의 운명을 걱정하는 사람이 있다는 것에 동족의식을 느낄 것이다. 마치 장남이 집안을 걱정하는 것을 흡족하게 바라보는 부모의 마음처럼, 그런 조직원이 자기 조직에 있다는 것에 대해서 큰 자긍심을 갖게 될 것이다.

4. 자기 서열보다 더 낮은 서열로 살아라

사람마다 지키고 싶은 것들이 있다. 특히 동물은 서열 의식이 강하다. 자기 것에 대해 소유 의식이 강하다. 특히 직장 생활을 하면서 자기 권력의 영역을 침범하거나 자기에게 정신적·물질적인 손해를 가하는 사람에 대해서는 민감한 반응을 보이는 것이 사람이다.

| 상사의 영역을 침범하지 마라 |

직장 생활하면서 특히 주의해야 하는 경우는 상사의 영역을 침범하지 말아야 한다는 것이다. 상사보다 앞서려고 하지 말아야 하고 상사와 기(氣) 싸움해서 이기려고 하지 말고 상사의 명령에 대항하지 말아야 한다. 무조건 상사의 말에 복종해야 한다. 아울러 상사가 지시한 것에 대해서 중간보고를 잘해야 하고 상사의 지침이 틀렸다고 해도 이를 부정하지 말아야 한다. 정히 상사가 명령한 사항이 부적합하다고 생각되면 그 원인과 대책 방안을 상사에게 보고해야 한다. 즉 왜 그것이 부적합한가를 논리적으로 명확하게 이론을 제시하고 그에 따른 대책 방안도 보고해야 한다. 아울러 그러한 일련의 사항을 보고할 때 상사가 기분 나빠 하지 않도록 해야 한다. 자기주장을 강하게 내세우는 것이 아니라 상사에게 넛지(nudge)를 발휘하여 상사가 그것을 재검토하는 측면으로 보고하는 것이 좋다. 그렇지 않고

무조건 자기 생각대로 상사가 호응해 주고 지원해 주길 바라는 건 좋은 방법이 아니다. 상사는 자기의 시나리오대로 부하 직원이 움직이고 행동하기를 바란다. 자기의 지침이 틀렸다고 해도 순순히 자기 말을 따르는 부하 직원을 선호한다. 또 자기가 지침을 내린 사항에 대해서는 틀렸더라도 일단 행동으로 옮기는 부하 직원을 좋아한다. 상사는 내심 자기와 부하 직원 간의 서열을 중시한다는 것을 알아야 한다. 상사는 자기가 부하 직원과의 서열 차이가 있으며 자기가 지시한 사항에 대해서는 부하 직원이 움직여야 한다는 생각을 하고 그러한 움직임을 보고서 자기가 부하보다 서열이 높다는 것을 인식하면서 만족감을 느낀다는 것을 알아야 한다.

동물도 삼삼오오 무리를 지으면 서열 싸움을 한다. 사람도 마찬가지다. 아무리 친하고 친밀하게 지낸다고 해도 보이지 않는 선에서 어느 정도 서열 싸움을 한다. 보이지 않는 힘과 알력으로 인해 서열 싸움을 하는 것이다. 나이에 따라, 해당 분야에 대한 해박한 지식의 깊이에 따라, 재물에 따라 묵시적으로 리더로 인정하는 전체적인 분위기에 의해서 자기들의 서열을 스스로 정한다. 그래서 자기가 스스로 정한 서열에 맞게 행동하려는 본능이 있다. 왜냐하면 사람들은 어려서부터 강자에게 잘 보여야 하고 자기보다 강한 사람에게 대들거나 반항하면 자기에게 손해가 된다는 것, 강자에게 핍박을 당한다는 사실을 알기 때문이다. 그래서 자기 스스로 약하다고 생각하면 강자에게 본능적으로 숙이고, 자기가 강자를 앞설 수 있는 힘을 가졌다고 생각하면 다시금 높은 순위에 오르기 위해서 다툼하고 경쟁하고 투쟁하고 결투한다는 것을 알아야 한다.

그러므로 평화롭고 원만한 생활을 원한다면 서열을 무시하지 말아야 한다. 서열을 무시하고 함부로 생활하면 상사에게 괘씸죄로 몰려 내침을 당하게 된다. 특히 자기가 명석하거나 타의 추종을 불허하는 실력을 가지고 있다면 더욱 주의해야 한다. 그런 사람은 가만히 있어도 빛을 발휘하기에 늘 강자들의 표적이 될 수밖에 없다. 그러므로 그 빛을 갈무리하고 그 빛이 다른 사람의 눈을 부시게 하지 않도록 해야 한다.

| 자존심이 밥 먹여 주지 않는다 |

일반적으로 모르는 것을 아는 척하기는 쉬워도 아는 것을 모르는 척하기는 매우 어렵다. 그래서 논어에서 공자는 모르는 것을 아랫사람에게 물어보는 불치하문(不恥下問)을 행하는 사람을 진정한 군자라고 말한다. 사람은 자존심과 자기만의 프라이버시가 있고 특히 자기가 서열이 높다고 생각하는 사람은 그 서열에 대한 자긍심과 프라이드로 인하여 자기보다 아랫사람에게 자신의 무지를 드러내지 않으려는 속성이 있다. 아랫사람에게 자신의 무지를 진실로 드러내는 상사의 경우는 그야말로 권력 의식을 갖지 않는 사람으로 인식하고 있음을 의미한다. 그러기에 그런 사람이 진정으로 군자라고 말한다. 그런데 사람은 본능적으로 자기 권력을 다른 사람에게 드러내고 싶어 하고 자기가 가지고 있는 서열을 이용하여 뭔가를 하고 싶어 한

다는 것을 알아야 한다. 아무리 불치하문의 군자라고 해도 자기 서열이 유효한지를 끊임없이 확인하고 싶은 게 권력을 가진 사람의 특징이다. 직장 상사의 경우에는 더욱 그러하다. 똑똑하고 영리한 부하 직원일수록 자기에게 진정으로 승복하길 바라고 항상 그 자세를 확인하고 싶어 한다.

  조선 시대에 이방원이 정적을 제거하고 선조가 잦은 선의 파동을 열었던 것도 바로 그에서 비롯된 것이다. 현재도 마찬가지로 북한에서 서열 싸움에서 밀려서 숙청당하는 경우나 정치적으로 권력의 중심에 있는 사람들이 자기 권력 유지에 방해가 된다고 생각하는 사람을 정치적으로 배제시키는 경우가 권력을 가진 사람의 본능임을 알아야 한다. 또한 사람들 대부분은 자기가 가진 권력을 내려놓지 않으려고 한다. 왜냐하면 서열에 밀리면 자기에게 어떠한 형벌이 주어지고 권력에서 물러남으로 인해 자기가 얼마나 많은 피해를 보는지를 알기 때문이다. 권력을 부자지간에도 나눠 갖지 않는 것은 권력이 주는 달콤한 맛에 취해서 그러기도 하지만 권력을 놓음으로 인해 자기에게 얼마나 많은 손해가 있고 자기가 얼마나 불편한 생활을 하게 되리라는 것을 알기 때문이기도 하다. 또 자기가 경쟁자와의 서열 싸움에서 밀렸다는 것에 대해서 분해하기 때문이다. 그러므로 자기 스스로 권력을 내려놓는다는 것이 매우 어렵다는 것을 알 수 있다. 그래서 앞서 공자가 말한 불치하문을 하는 사람이 군자라고 하는 것이다.

이렇듯 사람에게는 서열을 유지하고 그 서열을 자랑하고 그 서열을 이용하여 자신이 원하는 걸 하고 싶어 하는 욕구가 있다. 그러기에 서열을 무시하지 말고 항상 서열을 중요하게 생각해야 한다. 자기가 서열이 높다는 것을 알고 의식하고 자기가 가진 서열의 힘이 아직도 먹힌다고 생각하면 사람들은 그것만으로 흡족해하고 만족감을 느낀다. 그러므로 서로 무리를 지어서 움직일 때에는 항상 언행에 주의해야 한다. 그래서 상사에게 예의를 잘 지키는 사람이 상사에게 인정을 받는다. 예의를 지킨다는 것은 상대방을 존중해 준다는 것을 의미하고 상대방을 존중을 해 준다는 것은 상대방 서열을 인정해 준다는 것을 의미한다. 즉 상대방을 인정해 준다는 것은 상대방의 서열에 복종한다는 묵시적이고 암묵적인 표현이다.

　아울러 자기가 힘이 강해졌다고 함부로 상사를 우습게 보고 그 서열 싸움에 대들다가는 어느 순간에 무자비한 공격에 의해서 치명상을 입을 수도 있으므로 서열 싸움에 말려들지 않도록 해야 한다. 자기가 힘을 기르고 강성하고 부와 실력을 축적하면 어느 순간 추종자들이 나타나게 되고 그로 인하여 자연히 높은 서열에 오르게 될 거라는 것을 알아야 한다. 그때까지는 참고 준비해야 한다. 그러면 때가 도래할 것이다.

5. 위치 변동을 항상 생각하라

　서열은 항상 변한다. 그러므로 자기가 높은 서열에 있을 때에는 마치 낮은 서열에 있는 것처럼 겸손한 마음으로 다른 사람을 섬기는 태도로 생활해야 한다. 또 자기보다 서열이 낮은 사람이 언젠가는 자기보다 높은 서열에 오를 수 있다는 생각으로 대해야 한다.

　반대로 자기가 다른 사람보다 서열이 낮은 자리에 있다면 그 자리가 힘들고 어렵더라도 꾹 참고 견디면서 언젠가는 자기에게도 보다 높은 서열에 오를 수 있는 기회가 있다는 생각으로 어려움을 참고 이겨 내야 한다.

| 영원한 서열은 없다 |

　이처럼 서열은 불변하고 고정되어 있는 것이 아니다. 시대와 주변 환경의 변화에 따라 혹은 상황과 사태에 따라 어느 한순간에 일등이 꼴등이 될 수도 있고 꼴등이 일등이 될 수도 있는 것이 조직의 서열이다. 특히 오너 경영 체제의 기업에서는 오너의 말 한마디에 의해서 모든 서열이 결정되고 하루아침에 서열의 순서가 바뀔 수 있음을 알아야 한다. 그러므로 공적인 생활을 하면서는 서열에 너무 얽매이지 않아야 한다.

아울러 서열에 관계없이 자기에게 주어진 역할을 신의원칙에 입각하여 실천해야 한다. 또 서열이 주는 외적인 권력과 권한을 함부로 사용하지 말고 공적인 일에만 사용해야 한다. 왜냐하면 서열이 주는 권력은 공적으로 그 역할과 책임을 다하라고 주어진 것이지 사적인 용도로 활용하라는 것이 아니기 때문이다.

| 머문 자리가 아름다워야 한다 |

서열 높은 사람들이 착각하고 있는 것 중 하나는 서열이 높으면 인격도 성품도 으뜸이어야 하고 공사에 있어 자기가 모든 것을 책임지고 앞서가야 한다고 생각하는 것이다. 그러다 보니 당연하게 서열이 낮은 사람은 늘 부족해야 하고 서열이 높은 사람의 심기를 건드리지 않기 위해 모든 면에서 서툰 척 연기해야 한다고 생각한다. 그래서 당구를 쳐도 일부러 상사에게 져 주고 볼링을 쳐도 상사의 기분이 상하지 않도록 적정하게 점수를 내준다. 특히 상사와 내기 골프를 치거나 통상적으로 주요 고객과 내기 골프를 할 때는 일부러 져 주는 경우도 있다. 하지만 그것은 일장춘몽이다. 장자가 말하는 호접몽이다.

일반적으로 사람들은 벼슬을 가지고 있으면 그 벼슬을 이용하여 그 벼슬 이상의 힘을 발휘하려고 한다. 밀 그램의 교도관 실험에서 알 수 있듯이 사람이 권력을 가지면 자기 안에 있는 지배 욕구의 본능을 드러낸다는 것을 알아야 한다. 그러므로 그러한 욕망은 일찌감치 버리고 자기가 가진 서열이 언제든 사라질 수 있고 주어진 그대로를 가지고 신의 성실의 원칙에 입각하여 청렴한 삶을 사는 것이 최상이라는 생각을 가져야 한다.

 서열이 높은 자리에 있을 때는 늘 자기 위치가 변할 수 있다는 생각으로 뒷모습이 아름다운 사람이 되도록 노력해야 한다. 떠난 자리와 머문 자리가 아름다운 사람이 되어야 한다. 뒤끝이 좋은 사람이 되어야 한다. 그러므로 그 자리에 있을 때 스스로의 업무를 최대한 많이 해 놓아야 한다. 내가 평생 있을 곳도 아니고 내가 평생 책임질 것도 아닌데 라는 생각으로 넋을 놓고 있거나 남 일 하듯 하는 것은 서열이 높은 사람으로서 행해야 하는 본분이 아니다.

 또 서열이 낮은 사람은 서열은 생물이므로 언젠가는 자기가 높은 자리에 오를 것이라는 생각으로 어렵고 힘든 것은 견뎌 내면서 생활해야 한다. 또한 자기도 언젠가는 좋은 자리에 오를 수 있다는 생각으로 자기보다 서열이 높은 사람은 어떻게 행동하고 실천하는가를 생각하면서 배우고 익혀야 한다. 그래서 미래에 자기가 높은 자리에 오르면 어떻게 할 것이라는 자기만의 모범 답안을 찾아야 한다. 즉 서열은 살아있는 생물이므로 자기에게도 언젠가는 기회가 도래할 것이라는 생각으로 사전에 준비해야 한다.

 그런데 서열이 낮은 자 중에는 본인도 언젠가는 높은 서열에 오를 기회가 올 것이라고 생각하면서 자기보다 서열이 높은 사람이 언젠 가는 좌천될 것이다 혹은 그 사람이 다른 곳으로 보직 이동이 될 것 이라는 생각을 하는 경우가 있다. 타인에게 초점을 두는 것이다. 그러나 이것은 좋지 않다. 서열이 높은 사람으로 인해서 정신적인 스트레스에 놓였다면 그 사람을 자기 발전의 자양분으로 삼고 게으르고 나태한 마음을 일깨우는 계기로 삼아야 한다. 자기에게서 문제를 찾지 않고 서열이 높은 사람이 다른 곳으로 좌천되기를 바란다거나 그가 서열에서 내려와 일반 직원이 되기를 바라는 것은 바람직하지 않다.

그러므로 서열이 높은 사람은 서열이 낮은 사람에게 그러한 부정적인 영향을 받는 사이가 되지 않도록 해야 하고, 서열이 낮은 사람은 서열이 높은 사람의 흉을 보지 말아야 한다.

앞서 말했듯 서열은 곧 생물이기 때문이다. 생물은 부정적인 영향을 받으면 부정적인 보복을 하고 긍정적인 영향을 받으면 긍정적인 보답을 준다. 이와 똑같이 서열이 높은 사람을 긍정적으로 섬기면 긍정의 큰 보상이 내려지고, 부정적으로 섬기면 부정의 큰 보상이 내려지게 된다는 것을 알아야 한다. 왜냐하면 살아 있는 생물에는 방향을 감지하는 감각기관이 있어서 좋은 것이 있거나 기쁜 일이 있거나 즐거운 일이 있으면 그 방향으로 방향이 쏠리고, 나쁜 일이 있거나 좋지 않은 일이 있다고 생각하는 방향으로는 시선이 집중되지 않기 때문이다.

6. 추락했다면 준비의 기회로 삼아라

 잘나가던 사람이 어느 날 뜻하지 않는 사건으로 나락에 빠질 때, 어제까지만 해도 갑부였는데 자고 일어나니 거지가 되었을 때, 온갖 산해진미를 먹으면서 즐겁게 지냈는데 꿈에서 깨어나 눈을 뜨니 현실에는 먹을 것이 없어서 배가 고플 때 등 신세가 바닥을 쳤을 때 어떻게 하는가에 따라서 그 사람의 진가가 나타난다.

| 추운 겨울에 핀 매화가 향기가 진하다 |

 잔잔한 바다는 위대한 뱃사공을 만들지 못한다. 풍랑이 격하게 몰아치는 바다와 같은 치열한 환경에서 자라고 성장한 사람이 진짜 위대한 사람이다. 또한 배가 뒤집혀야 진정으로 수영을 잘하는 사람이 누구인지를 알게 되고 외국에 나가 봐야 영어 회화를 잘하는 사람이 누구인지 알게 된다. 그러하다. 어렵고 힘든 상황에 처해 봐야 그 사람의 한계가 어디까지고 자기의 진정한 모습이 어떤 모습인지를 발견하게 된다. 어렵고 힘든 상황에 처하면 사람은 진면목을 보이게 마련이다.

 잘나가던 사람이 바닥을 쳤을 때는 가장 먼저 자기 신세를 긍정적으로 받아들여야 한다. 왜 자기에게 그러한 불행이 생겼고 자기는 전혀 잘못이 없는데 어찌하여 자신에게 그러한 불행을 주었는가를 불평하며 사는 것은 자기 삶에 결코 도움이 되지 않는다. 불평하고 불만을 토로해서는 현실이 바뀌지 않는다. 그러므로 순응해야 한다. 자신에게 닥친 현실이 비통하고 고달프고 견뎌 내기 힘들다는 점을 순순히 받아들여야 한다. 아울러 그 힘든 상황을 견뎌 내는 삶이 아니라 하루하루 자기의 삶을 일궈 가는 삶을 살아야 한다.

또, 어렵고 힘든 상황에 처했다면 하루하루 배우고 있다는 생각을 가져야 한다. 뼈아픈 현실을 맨 정신으로 수용하는 것은 힘든 여정이다. 그럼에도 불구하고 온전히 자기에게 주어진 현실을 받아들여야 한다. 아울러 새롭게 도약하기 위해 그간에 간과했던 것들을 다시금 정갈하게 배우고 익히는 기회로 삼아야 한다.

부귀영화를 누리다가 일개 촌부로 돌아왔을 때는 얼마나 빨리 과거의 영광에서 벗어나는가가 관건이다. 과거를 빨리 잊고 현재 자기가 처한 위치를 실감하는 것이 중요하다. 과거의 좋은 추억만 생각하는 감옥에서 빨리 벗어나는 것이 미래 성장의 관건이 된다. 그렇지 않으면 과거의 영광과 추억을 생각하면서 후회로 점철된 삶을 살게 된다. 과거의 영광을 생각하면 현재가 참으로 비통하다는 생각을 하게 될 것이다. 내가 이런 곳에 있을 사람이 아닌데, 내가 이런 곳에서 허송세월을 하면서 보낼 위인이 아닌데 라고 하면서 실의에 찬 생활을 할 것이다. 그러한 생활에서 일찍 벗어나야 한다.

아울러 앞으로 어떻게 할 것인가? 앞으로 어떤 점에 중점을 두고 생활할 것인가를 생각해야 한다. 그래서 그에 따른 전략을 치밀하게 세워야 한다. 과거의 경험을 토대로 과거의 영광이 재도약의 기반이 되는 전략을 수립하는 것이 가장 좋다. 특히 중년이 넘어서 새롭게 무엇인가를 시작하는 것은 위험하다. 그러므로 가능한 과거에 잘했던 것을 위주로 새로운 사업을 구상해야 한다. 보다 더욱 깊이 있는 학습이 있어야 하고 기초 지식을 튼실하게 구축해야 한다.

| 원인을 알아야 해결이 가능하다 |

잘나가다가 추락했다면 그 기간을 새롭게 공부하는 기회로 삼아야 한다. 다시금 새로운 분야에서 새롭게 성장하고 성공하고 두각을 나타내기 위해서는 최소한 3년 이상의 시간을 필요로 한다. 너무 서두르지 말자. 급하게 생각하지 말고 순리에 따라 일목요연하게 서서히 하겠다는 생각을 하자.

사실 잘나갈 때는 하루 24시간이 모자랄 정도로 바쁘게 지낸다. 그러한 바쁨 속에서도 즐겁게 시간을 보내는 반면 못나갈 때의 시간은 바쁘고 지루하다. 잘나갈 때는 시간과 못나갈 때의 시간은 서로 다르다. 동일한 시간이어도 감정의 종류가 다른 것이다. 잘나가는 사람의 시간이 기쁜 감정의 시간이라면 못나가는 사람의 시간은 기분 나쁜 감정의 시간이다. 힘들고 고통스럽고 어렵고 지루한 시간이다. 그 시간을 어떻게 보낼 것인가가 삶의 질을 결정한다. 즉 잘나갈 때나 못나갈 때나 모든 것은 자기 하기 나름이다.

눈에 보이는 모든 것이 문제로 보이고 무엇인가 불평불만을 계속 토로하게 된다면 자기 마음의 눈에 문제가 있다고 볼 수 있다. 즉 자기 자신이 변해야 한다. 자기가 받아들이고 수용하고 자기 변화와 자기의식을 강화해야 한다.

잘나가다 추락했다면 왜 추락을 했는지, 무엇으로 인해서 추락을 했는지 그에 따른 원인을 분석하고 그 원인을 제거하기 위한 실행 전략을 수립하여 추락의 원인을 제거하는 작업이 우선되어야 한다. 다시는 추락하지 않기 위해 그 원인을 뿌리째 뽑아서 제거해야 한다. 그래야 그 기반 위에 새롭게 도약하기 위한 실력이 쌓이는 것이다. 기반이 튼튼하고 단단해야 한다. 그 반석 위에 자신만의 새로운 미래를 세워야 한다. 이제는 결코 무너지지 않는 자기만의 강력한 아성을 쌓아야 한다.

잘나가다가 추락했다고 포기하지 말라는 것이다. 인생을 살다 보면 잘나갈 때보다 못나갈 때가 더 많다. 누구나 처음 사는 인생이다. 하루하루가 전혀 살아 본 적 없는 새로운 날이다. 그러한 낯선 삶을 사는 인생이라서 자기도 모르게 실수하고 예기치 못한 상황에 처하게 되는 것이다. 처음 사는 인생이고 한 번도 연습하지 않는 낯선 시간을 살고 있으니 실수하고 실패하는 것은 당연하다. 단, 동일한 실수를 다시는 반복하지 않는 것이 중요하다.

서열이 밀렸다고 한탄하지 말고 서열에서 열외 되었다고 분통해

하지 말자. 그냥 서열에서 밀려나 잠시 자기를 돌아볼 수 있는 기회가 생겼다고 생각하자. 높은 서열에 있든 낮은 서열에 있든 자기에게 주어진 시간은 동일하다. 단지 높은 서열에 있을 때 보냈던 시간의 질과 양, 그리고 생활수준과 환경을 이제는 접할 수 없다는 점이 자칫 삶의 수준을 약화시키는 원인이 될 수 있다. 즉, 자기가 낮은 서열의 사람들과 생활하다 보면 그 환경으로 인해서 자기 삶이 수준 이하의 삶으로 치달을 수 있기에 항상 깨어 있어야 한다. 환경에 지배되지 않도록 항상 배움을 생활화해야 한다.

생활은 시궁창에서 하고 있어도 마음만은 궁궐에서 살고 있다는 생각을 가져야 하고, 무지한 사람들과 함께 있어도 늘 책을 가까이하면서 배우고 익혀야 한다. 요즘에는 인터넷의 발달로 언제 어디서든 고급 정보를 접할 수 있고 배움의 시간을 가질 수 있다. 그러므로 늘 배우고 익히는 환경에 자기를 드러내는 것이 중요하다. 그래서 높은 서열에 있을 때 가지고 있었던 생활 습관과 품격, 품위가 없어지지 않도록 자기를 잘 건사해야 한다.

7. 용의 꼬리보다 뱀 머리가 낫다

만약에 서열 싸움을 하다 밀리면 잠시 준비하는 시기라고 생각해야 한다. 서열 싸움에서 밀렸다고 너무 서운해 말라는 것이다.

| 어디든 정치꾼은 있다 조심하라 |

이왕 싸움을 했다면 이겨야 하는데 싸움해서 백전백승(百戰百勝) 하기는 어렵다. 싸움을 하다 보면 이길 때도 있고 질 때도 있다. 싸우는 족족 이길 수는 없지 않은가? 마찬가지로 서열 싸움도 이길 때가 있고 질 때가 있다. 특히 조직에서의 서열은 흐름이나 대세에 의해서 결정되는 경우가 많다. 그 정권이 바뀌고 권력 구조가 바뀌어서 서열이 바뀌는 정치판과는 다르다. 직장에서의 서열은 상사의 의중에 의해서 대부분 결정된다. 상사가 어떤 생각을 가지고 어떠한 의중을 가지고 있는가에 따라 서열이 정해진다. 같은 서열에 있어도 상사가 어디에 중점을 두고 어디에 관심을 피력하는가에 따라 서열이 정해진다. 상사 역시 경영층이 신경 쓰고 시대적으로 이슈 되는 것에 신경 쓴다. 그런 일에 중점을 두고 주력하는 사람이 우선 서열에 놓이게 된다. 그런데 직장에서의 이슈나 흐름도 조직의 변경이나 인사이동에 의해서 바뀌게 마련이다. 그러다 보니 조직 변경 시점에 보다 좋은 서열을 차지하기 위해 서열 다툼을 한다. 죽느냐 사느냐

의 문제다. 죽기 아니면 까무러진다는 생각으로 치열하게 싸움을 한다. 그런 싸움의 흐름에 의해 본의 아니게 서열에서 멀어지는 경우가 있다. 직장의 서열 싸움에서 밀렸다는 것은 족보에서 없어졌다는 것을 의미한다. 마치 잘나가던 임원이 서열 싸움에 밀려 본사 대기발령을 받듯이 말이다.

직장 서열에서 멀어졌다는 것은 서열 싸움을 하지 않게 되었음을 의미한다. 그런데 신기하게도 조직 생활을 하다 보면 현장이든 사무실이든 어디서나 서열 싸움을 벌이는 정치꾼들이 있게 마련이다. 그래서 혹자는 조직 생활이나 직장 생활을 잘하는 것은 직장 정치를 어느 정도 할지를 알아야 한다고 말한다. 아무리 일을 잘하고 성과를 많이 내어도 직장에서 정치하지 못하면 일을 정말로 잘하는 것이 아니다. 그만큼 서열 싸움은 어디에든 존재하며 결국 승패는 서열 싸움으로 인하여 판가름 난다. 일을 아무리 잘해도 서열 싸움에서 밀리면 모든 것을 반납해야 한다. 특히 직장에서 이룬 모든 것은 소속만 변경되어도 그간에 쌓아 온 모든 것을 그냥 반납해야 한다. 그렇게 보면 조직 생활을 하면서 애써 욕심 부릴 것도 아니다.

공수래공수거(空手來空手去)란 말이 있듯이 인생은 빈손으로 와서 빈손으로 가는 것이다. 직장도 그러한 진리가 여지없이 적용된다. 입사할 때 건강한 몸 그대로 퇴사만 해도 성공한 직장인이라고 말하는 이유가 여기에 있다. 대개 입사 후 정년까지 안정되게 생활하는 사람은 서열 싸움을 하지 않는다. 서열 싸움에 무관하게 안정되게 생활하는 사람이 오래도록 정년까지 직장 생활을 한다. 그렇지 않고 서열 싸움하는 사람은 이리 치이고 저리 치여서 결국 싸움에서 밀려나고 협력 회사나 계열사로 전직되는 경우가 많다. 그러므로 직장 생활은 서열 싸움을 하지 않고 자기에게 주어진 일만 열심히 하면 된다. 그것도 회사의 규율을 준수하고 기본적으로 직원으로서 해야 하는 기본의 실천을 준수하면서 말이다. 결국은 큰 욕심을 부리지 말고 자기에게 주어진 역할과 책임에 최선을 다하면 된다.

그런데 직장 생활을 하다 보면 줄곧 평상심을 유지하면서 평범하게 지내는 것이 어렵다. 누우면 앉고 싶고 앉으면 눕고 싶다는 말이 있듯이 자기에게 주어진 위치에 감사하기보다는 어떡하든 사세를 확장하고 자기를 드러내고 싶어 한다. 그래서 무리하게 또다시 서열 싸움을 한다. 최소한 자기 자리를 유지하고 다른 사람에게 자기 자리를 빼앗기지 않기 위해서다.

| 이왕이면 리드하라 |

서열 싸움에 밀렸다면 잠시 쉬면서 여유를 가지고 다시금 자기의 칼을 가는 시기로 삼아야 한다. 더욱더 큰 세상을 열어 가기 위해서 다시는 서열 싸움에서 당하지 않기 위한 자기만의 필(必)살기를 길러야 한다. 서열 싸움에서 한 번 밀렸다고 모든 것을 자포자기 모드로 돌리지 말아야 한다. 한쪽 문이 닫히면 다른 쪽의 문을 열어야 한다. 계속해서 닫혀서 열리지 않는 문을 열기 위해 힘을 쏟을 필요가

없다. 마찬가지로 서열 싸움에서 패배를 했다면 순순히 패배를 인정하고 그것을 계기로 악착같이 칼을 갈아야 한다.

어떻게 생각하면 용의 꼬리보다 뱀의 머리가 되는 것이 좋다. 자기보다 더 똑똑한 사람들과 생활하다 보면 자기만의 자유로운 시간을 확보하기 어렵다. 하지만 자기보다 멍청한 사람들과 생활하다 보면 조금만 일에 관여해 주고 자기 나름으로 개인적인 업무를 할 수 있으므로 마음의 여유를 가질 수 있다. 그런 점에서 볼 때 직장 생활을 하면서 스트레스를 덜 받기 위해서는 용의 꼬리보다 뱀의 머리를 취하는 것이 좋다.

| 서열 싸움에서 밀리면 근신하라 |

서열 싸움에서 밀려난 것은 그간에 너무 몸집이 커지고 자기의 생각이 더 커졌기 때문이다. 기존의 집이 작으면 더 큰 집으로 이사를 하기 위해서 노력을 하듯이 사람도 실력이 커지고 눈이 높아지고 욕구가 생기면 더욱 높은 서열에 오르고 싶고 승진에 대한 욕망으로 더욱 큰 자리에 오르기 위해서 노력하게 된다. 그러한 과정에서 이해 관계자와 선의의 경쟁을 하게 되고 그 선의의 경쟁 선상에서 경쟁을 하다 보면 부정적이고 비도덕적으로 응수하는 독사 같은 사람들로 인하여 투기와 시기와 질투가 함께하는 진흙탕 싸움을 하게 되는 것이다.

자기가 싸움하지 않으려고 해도 어쩔 수 없이 싸움을 하게 되는 것이 직장이고 단체 생활이다. 그냥 자기 일만 하면 좋을 텐데 그렇게 되지 않고 서로가 시기하고 질투하게 된다. 또 다른 사람을 잡아먹지 못해서 안달이 난다. 특히 모든 것을 자기 임의대로 하고 자기 시나리오와 전략에 의해서 모든 것이 움직여야 하는 것을 좋아하는 상사와 함께 있다면 더욱 그러하다.

서열 싸움에서 밀리면 잠시 쉬면서 준비하는 시기라고 생각해야 한다. 서열 싸움에서 벗어나 잠시 한적한 곳에 오면 처음에는 자존심이 상해서 견뎌 내기 힘들 것이다. 최고 절정에서 바닥을 쳤으니 그런 생각도 들것이다. 하지만 그럴 때 일수록 냉정하고 차분하게 대응해야 한다. 일단은 자존심이 문제가 아니다. 특히 가장의 직장 생활은 혼자서 하는 직장생활이 아니다. 가장의 직장 생활은 온 가족을 돌봐야 하고 가족들을 위해 참아야 하는 직장 생활이다. 홧김에 그만두고 싶어도 다시금 냉정을 되찾아서 출근해야 하고 정히 자존심이 상해도 치욕과 수모를 견뎌 내고 참고 또 참아야 한다. 그렇게 1년이 지나고 2년이 지나면 그런 진흙탕 싸움을 하는 곳에서 벗어난 것이 얼마나 다행인지를 알게 된다. 그래도 시궁창 냄새가 나지 않고 권력 싸움으로 인해 비양심적인 생활을 하는 여우와 늑대들이 있는 곳이 아니라는 것이 얼마나 큰 다행인지 알게 된다. 심리적으로 안정되고 심적으로 편안함을 준다. 모든 것은 일장일단이다. 편한 곳은 편한 대신에 서로가 인간적인 갈등으로 인해 스트레스를 받게 되고 불편한 곳은 일은 힘들지만 인간적인 갈등이 없다. 사람은 몸이 힘든 것을 어느 정도 견뎌 낼 수 있지만 마음이 힘든 것은 견뎌 내기 힘들어한다. 몸이 아픈 것이 낫지 마음이 아프면 더 힘들다.

시기와 질투, 음모와 모략이 꿈틀대는 그런 곳을 떠나온 것에 감사해야 한다. 서열 싸움에 밀려나 이제는 조직이 아닌 개인의 일에 중점을 두고 자기 개인의 삶을 내실 있게 준비할 수 있는 기회를 가진 것에 감사해야 한다. 정약용이 18년간 유배 생활을 하지 않았다면 그러한 명작은 나오지 않았을지도 모른다. 어쩌면 그 정치판의 당파 싸움에서 목숨을 잃었을지도 모른다.

그러므로 서열 싸움에 의해서 밀려났다면 천만다행이라고 생각해야 한다. 매미가 허물을 벗듯 성장을 위해 잠시 휴식을 취하면서 허물을 벗는 시기라고 생각해야 한다. 그러면서 치열하게 준비해야 한다. 반드시 이룰 것이라는 생각으로 치열하게 준비해야 한다.

직장 생활을 하다가 직장 정치에서 밀리게 되면 그간에 직장에서 토사구팽을 당하는 억울한 상황에 놓이게 된다. 아니 직장과 회사를 위해서 최선의 노력을 다해 헌신하고 희생을 했는데 직장에서는 그러한 공로를 인정해 주지 않고 토사구팽 하는 것이다. 그래도 그런 것을 아쉽게 생각하지 말아야 한다. 직장에서 토사구팽 당해 봐야 진짜 무엇이 중요한 것이라는 것을 알게 되기 때문이다. 회사에서 밤을 세면서 일하고 휴일에도 가족들과 함께하지 않고 회사에 출근해서 일하는 것이 과연 중요한 것인가를 구별하는 능력이 생기게 된다. 남은 인생에서 어떻게 직장 생활을 해야 할 지에 대한 기준이 세워지게 된다.

당할 때는 마음이 아프고 쓰리다. 그래서 마음이 약한 사람들은 직장에서 열심히 하다가 토사구팽을 당하면 자존심이 상해서 무너지는 사람도 있다. 또 휴직을 하거나 중간에 퇴직을 하는 사람도 있다. 자존심이 강해서다. 그런데 그런 자존심은 결코 도움이 되지 않는다. 자기를 내려놓아야 한다. 자기가 아무 힘도 없다는 것을 알아야 한다. 특히 조직에서 조직을 주무르는 사람들은 더욱 그러하다. 그런 사람들에게 당하더라도 참고 견뎌라. 직장은 일단 오래 살아남는 사람이 주인이다. 일단은 참고 견뎌야 하고 일단은 견뎌 내서 참아야 한다. 억장이 무너지고 힘들어도 일단 1년을 참고 2년을 참고 참다 보면 일찍 토사구팽 당한 것이 얼마나 다행인지 알게 될 것이다.

8. 남이 알아주지 않아도 끝까지 한다

논어에서 공자는 남을 알아주지 않아도 신경 쓰지 말고 자기 목표에 최선의 노력을 다해야 한다고 말한다. 아마도 20년간 자기 정치사상을 제대로 실현하기 위해 자기를 써 주는 군주를 찾아다니는 과정에서 상갓집 개와 같은 취급을 받고 현실 정치에 전혀 맞지 않는다는 핀잔을 받았을 것이고 자기가 하고자 하는 목표를 향하여 열의를 다하고 분발하는 과정에서 그런 깨달음을 얻었을 것이다. 아마도 공자는 자기 같은 인재를 알아주지 못하는 현실에 불만을 가졌을 것이고 이 말은 그런 자기를 달래기 위해서 한 말이라는 생각이 든다. 자신을 위로하고 중간에 포기하고 싶은 생각을 갖지 않기 위해, 자기를 채찍질하는 의미에서 정신을 차리기 위해서 말이다.

| 끝까지 살아남아라 |

공자는 "학이시습지(學而時習之)면 불역열호(不亦說乎)아, 유붕 (有朋)이 자원방래(自遠方來)면 불역락호(不亦樂乎)아, 인부지이불(人不知而不)이면 불역군자호(不亦君子乎)"라고 말한다. 인생삼락에서 배우고 익히는 것은 좋은 것이며 벗이 있어 멀리서 찾아오면 그것도 기쁘고 남이 나를 알아주지 않아도 성내지 않으면 그것이 군자라는 것이다. 그 당시 공자가 처한 시대적인 상황이나 공자의 입장에서 보면 공자는 배우고

익히고 학문을 하면서도 그러한 실력을 길렀다고 당장 벼슬길에 나아가지 않았고 화를 내거나 조급해하지도 않으며 남이 나를 알아주지 않아도 성내지 않고 자기가 가고자 하는 길을 묵묵히 실천했다.

그밖에도 논어에서는 남을 의식하지 말고 남에게 다른 사람에게 선택되지 않아도 평정심을 잃지 말고 당당하게 자신의 길을 가야 한다고 거듭 말한다. 학이 편에는 "남들이 나를 알아주지 않는다고 걱정 말고, 내가 남을 알지 못함을 걱정해야 한다."고 말하고 이인 편에도 "지위가 없음을 걱정하지 말고 지위를 감당할 만한 능력을 갖추고 있는가를 걱정하라"는 말이 등장한다. 논어의 헌문 편에서도 남이 나를 알아주지 않음을 걱정하지 말고 능력이 없음을 걱정하라고 하며 논어의 위령공 편에서는 군자는 능한 것이 없음을 병으로 삼고 사람이 알아주지 않는 것을 걱정하지 말라고 한다.

이를 보면 그 당시도 남이 알아주기를 바라고 공부하는 사람이 많았음을 알 수 있다. 진정 배우고 익히는 것은 사람이 사람다워지는 것이다. 대학에서는 가장 큰 배움을 자기를 아는 것이라고 말한다. 논어의 끝자락에 '부지언(不知言)이면 부지인(不知人)'이라는 말이 나오는데 이는 말을 알지 못하면 사람을 알지 못한다는 뜻이다. 즉 사람이 알고 배우고 익히는 것은 사람을 알아가는 과정이라는 말이다.

그런데 예나 지금이나 자신의 명예를 널리 알리고 출세를 하기 위해서 혹은 승진을 하기 위해서 배우고 익히는 사람들이 많다. 낮은 서열에 있으면 항상 높은 서열의 사람들에게 무시당하고 권력의 중심축에 있지 않으면 언제든 세력권 밖으로 내몰리게 된다는 것을 알기에 가능한 한 세력권에 들기 위해 공부하고 익힌다.

 학벌이 낮고 학위가 없으면 명함도 내놓지 못하는 시대다. 학력의 차별과 지연과 학연에 의해 인재를 등용하는 곳이 많다. 삼국지에 등장하는 조조와 같이 널리 인재를 등용함에 있어서 배경을 보지 않고 순수하게 실력과 능력을 위주로 인사가 이뤄져야 하는데 현실은 그렇지 못하다. 능력 위주의 인재 경영은 교과서적인 말이다. 결국 자기가 아는 사람, 자기 친척이 가신이 되어 권력을 세습하고 있다. 그러니 개천에서 용이 난다는 말은 옛말이 됐다. 아예 태어날 때부터 금수저를 입에 물고 태어난 사람들이 승승장구하고 흙수저를 입에 물고 태어난 사람은 아무리 노력해도 어느 정도 한계에 봉착할 수밖에 없는 사회적 구조 속에 살아가고 있다. 그래서 많은 사람들이 그러한 서열을 붙잡기 위해 가능한 한 금수저를 물고 태어난 사람과 친밀해지기 위해 노력을 거듭하고 있다.

 그런데 2,500년 전 공자는 서열에 오르지 못하더라도 가히 성내거나 섭섭해하지 말고 자신의 길을 묵묵히 가야 한다고 말한다. 그러면서 서열에 오르지 못하는 이유는 평가하는 사람이 우둔해서 자기 같은 보석을 알아주지 못해 그러한 것이라고 말하고 자기에게 그 서열에 맞는 자격이 있는지를 먼저 돌아봐야 한다고 말한다. 그러하다. 자기가 능력이 있다고 자만한 것은 아닌지, 자기 혼자만의 생각으로 자기가 더 높은 서열에 오르려고 착각한 것은 아닌지를 돌아봐야 한다.

아울러 공자는 남이 자기를 알아주기를 기다리지 말고 자기가 남을 먼저 알아주어야 한다고 말한다. 자기가 높은 곳에 오르기 위해서는 다른 사람을 높이 오르게 해야 한다는 성서의 말과도 맥이 통한다고 볼 수 있다. 자기가 먼저 오르려고 애를 쓰기보다는 다른 사람이 먼저 높은 곳에 오르도록 하는 것이 장기적으로 볼 때 자기의 서열이 높아지는 것이다.

결과적으로, 공자는 높은 서열의 적임자로 간택되지 않았더라도 서운해하지 말고 자신의 실력을 돌아보고 화내지 않으면서 본인의 실력이 부족하다고 생각하라는 것이다. 어떻게 보면 자기 합리화이고 자기변명이며 자기 위로다. 남이 자기를 알아주지 않아도 순응해야 한다는 말로 들리기도 한다. 남이 알아보도록 적극적으로 자기 브랜드 마케팅을 해야 하고 자기 실력을 키워야 한다. 반면에 다른 사람이 높이 올라가도록 해야 하고 자기 실력이 부족하다는 것을 스스로 느껴서 순응해야 한다. 그것이 공자가 말하는 진정한 낮춤이다.

| 배움으로 서열의 장벽을 넘어서라 |

이상과 같은 공자의 말을 종합해 볼 때 공자는 낮은 곳에 거하기를 원했다기보다는 높은 곳에 오르려고 해도 높은 곳에 오를 수 있는 기회를 얻지 못한 것에 대한 원통함이 많이 있었을 것이라는 생

각을 해 본다. 공자의 사상은 시대적으로 거리감이 멀었던 이상적인 정치사상이었기에 공자가 보는 세상을 보지 못하는 다른 사람들이 오로지 자기 이익만을 취하려 했을 것이고 공자는 이를 더욱 경계해야 한다는 것을 논어에서 말하고자 했던 것이다. 이처럼 높은 서열에 오를 수 있는 실력을 보유하고 있고 강한 내공을 가지고 있어도 시대적인 상황이 도래하지 못하면 그 실력에 버금가는 높은 서열의 자리에 오를 수 없다. 그럴 때 너무 조급해하고 성내지 말고 그냥 그 상황을 온전히 받아들이며 남을 탓하기 전에 자기 탓으로 모든 것을 돌려서 자기 수련에 매진해야 한다. 그렇게 볼 때 논어야말로 아주 낮은 곳에 거하는 책이고 낮은 곳에 있음으로 인해 빛을 발휘하는 책이다. 또 지극히 겸손한 책이다. 실력이 넘치고 강한 힘을 가지고 있는데 그 힘을 세상을 향해 폭발적으로 힘을 발휘하지 않고 낮은 곳에서 보람 찬 알찬 열매를 맺어가는 낮음의 미학이 있는 책이다.

9. 숙이면 들어온다

　낮은 자세로 생활하다 보면 낮은 자세로 일하는 것이 더 이익임을 알게 된다. 높은 자리에 있다는 것은 피라미드의 상부라서 주변에 사람이 적다. 먹이사슬 상부에 올라가면 올라갈수록 함께하는 사람들이 적다. 함께 어울리는 사람이 적다 보니 많은 사람의 도움이 필요할 때 불리하다. 하지만 서열 낮은 먹이사슬 아래에 있으면 동료들도 많고 함께하는 사람도 많다. 그러다 보면 많은 사람의 도움을 필요로 할 때 일시에 많은 사람들을 모을 수 있다. 그것이 낮은 곳에 임함으로써 얻어지는 이익이다.

| 때로는 일등 같은 이등이 좋다 |

　자기가 실력이 있으면서 낮은 곳에 임하고 능히 일등을 할 수 있음에도 이등을 유지하고 있는 것은 계속 일등을 하는 것보다 이익이 많다. 일등을 하면 앞을 향해서 달려가야 하기에 뒤를 돌아볼 겨를이 없다. 하지만 이등은 일등을 바라보면서 컨디션을 조절할 수 있고 뒤에 오는 사람의 상황을 엿보면서 달릴 수 있다. 앞뒤를 동시에 보면서 상황을 판단할 수 있다는 점에서 높은 서열에 있기보다 중상의 서열에 있는 것이 실효성이 크다.

서열 높은 곳에 있다 보면 이제는 더 이상은 올라가지 못하고 내려올 길밖에 없다. 올라갈 곳이 없다는 것은 인생무상을 느끼게 한다. 황룡유회((亢龍有悔)라는 말이 있다. 용이 잠용, 현룡, 비룡, 그리고 제일 마지막에 황룡이 된다. 잠룡, 현룡, 비룡으로 계속해서 올라가다가 결국에는 황룡의 단계에 이르게 되면 더 이상은 올라갈 곳이 없어서 허망하다는 것을 뜻하는 말이다. 원하고 바라는 목표를 향해서 달리고 있는 과정에서는 의욕이 생기고 삶에 활력이 있음을 몸으로 느끼게 되는데, 실제로 정상에 오르게 되면 허망할 때가 있다. 목표에 오르면 뭔가 크게 바뀔 것이라고 생각했는데 실제로 정상에 올라가 보니 별것이 아니라는 것을 느끼게 된다. 그러면 허망하다. 그래서 많은 사람들이 목표를 이루고 난 이후 슬럼프에 빠진다.

그러므로 적당히 앞서가야 한다. 극한의 힘을 쏟아부어 최정상에 오르려고 하기보다는 어느 정도 힘을 비축해서 적당히 앞서가야 한다. 즉 이등을 하되 언제든 마음먹으면 일등을 할 수 있을 정도의 힘을 지녀야 한다. 마치 조조가 한나라 말 헌제를 등에 업고 위나라를 다스렸던 것처럼 말이다. 그런 사람들이 바로 거인의 어깨 위에 올라탄 사람들이다. 거인의 어깨에 올라 거인보다 더 멀리 더 높이 더 넓은 세상을 바라볼 줄 알아야 한다. 그래서 말은 태어나면 제주도로 보내고 사람은 태어나면 서울로 보내야 한다고 말한다. 가능하면 넓고 큰물에서 놀아야 한다. 점심을 먹어도 부자와 먹어야 부자가 될 확률이 높고, 놀아도 공부 잘하는 사람과 놀아야 근묵자흑이라고 그 사람을 닮아가게 된다. 그것이 가능한 한 서열이 한 끗 높은 사람들과 어울려야 하는 이유다. 또 자기보다 능력이 있고 실력이 뛰어난 사람과 어울리다 보면 그간에 몰랐던 사실을 알게 되고 서당 개 3년이면 풍월을 읊는다는 말이 있듯 어느 정도 그 사람과 비슷한 수준에 오르게 된다. 이때 특별히 주의해야 하는 것은 그 사람에게 배운 것을 다른 사람에게 함부로 발설하지 않아야 하며 그들과 어울리는 일거수일투족에 대한 것에 대해서 어느 정도 비밀을 유지해야 한다. 즉 서열이 높은 사람이 허락하고 승낙한 사항에 대해서는 자기가 함부로 자기 주도적으로 할 수 있지만 그렇지 않는 사항에 대해서는 서열이 높은 사람에게 의중을 물어서 그에 따라 행동해야 한다. 그렇지 않으면 서열을 무시한 처사로 보기 때문에 괘씸죄에 해당하는 채벌을 당하게 된다. 그것이 거인의 어깨에 오래도록 앉아 있어도 거인에게 내팽개침을 당하지 않는 유일한 비결이다.

| 원활하게 소통하라 |

일반적으로 관계가 좋은 사람들은 항상 자기와 함께 관계하는 사람들을 자기보다 한 끗발 높은 서열의 사람들과 곧잘 어울린다. 대개의 경우 사교술이 뛰어난 사람 주변에는 항상 자기보다 잘나고 서열 높은 사람이 즐비하다. 그런 사람들은 서열이 높은 사람에게 집중하기 때문이다. 결코 자기가 그 사람과 어깨를 동등하게 하려고 하지 않고 서열을 결코 무시하지 않으며 그 사람을 최대한 존중해 주고 그 사람의 말에 경청하며 상대방 위주로 대화하고 상대방을 중

심에 두고 생활하기 때문에 그런 사람들은 주변에 항상 똑똑하고 잘나가는 사람이 충만하다. 그래서 카네기의 묘비명에서 알 수 있듯이 인간관계의 대가들은 자기보다 더 잘난 사람들이 많다.

또 그런 사람들은 항상 서열이 높은 사람을 위하고 자기는 서열에서 멀리 떨어져 있으려고 한다. 그래서 서열이 높거나 낮음에 상관없이 그 사람을 모두 좋아한다. 그만큼 소통하고 교류하는 힘이 남다른 사람이 많다. 다른 사람과의 관계가 좋은 사람들은 다른 사람들의 마음을 편하게 해 준다. 그래서 그 사람과 함께 있는 사람은 마음의 평화를 느낀다. 함께 있으면 편안하다는 것은 서로가 좋은 관계 선상에 있다는 것이고, 서로가 수평적인 관계를 맺고 있음을 의미한다. 친하고 수평적인 관계 선상에 있다는 것은 서열을 못 느끼게 할 정도의 친분과 상대의 서열을 충분히 인정을 해 주고 상대방으로 하여금 서열에서 오는 나르시시즘을 최대한 느낄 수 있도록 하는 것이 바로 대인 관계가 좋은 사람들의 속성이다.

사업하는 사람이나 주변에 사람이 많이 모이는 사람들의 최대 공통점은 상대방을 최대한 인정해 주고 상대의 서열을 최대한 존중해 준다는 것이다. 또 상대방보다 늘 아래 거하고 상대가 불편해하는 것을 알아서 편안하게 해 주고 상대방이 신경 쓰지 않아도 될 정도로 상대의 관심사에 대해서 충분히 잘 알고 접대한다. 그야말로 상대를 황제 대하듯이 한다. 그렇게 자기를 스스로 낮추고 섬기고 하인처럼 자신에게 서비스를 다하는 사람을 싫어할 사람은 없다. 고개를 숙이고 마음을 낮출수록 사람도 모이고 돈도 모인다.

10. 서열이 변하면 마음도 변한다

　성공에서 가장 치명적인 장애가 되는 것은 과거의 성공이다. 과거의 성공 경험이 장애가 되는 경우가 많다. 왕년에 내가 어떠했는데 혹은, 과거에는 내가 이렇게 해서 성공했으니 이번에도 과거처럼 그렇게 하면 된다고 생각한다. 과거 성공이 고정관념이 된다. 그래서 늘 과거 성공의 영광적인 순간을 생각하면서 사는 경향이 있다. 과거의 성공을 생각하면서 오늘은 반드시 좋은 일이 있을 것이라는 막연한 생각을 갖는다. 왕년에 내가 어떠했는데 과거의 영광에 사로잡혀 현재를 부정하는 경우가 많다. 또 과거의 성공이 기준이 되어서 과거의 그 시절보다 생활수준이 떨어지거나 격이 낮아지면 우습게 생각하고 현재 하고자 하는 일을 하찮게 생각한다. 그래서 고학력 실업자들이 많다. 직업에 귀천이 없는데 자기가 현재 처한 상황은 생각하지 않고 고학력에 따른 자존심만 생각한다.

　서열도 마찬가지다. 자기가 과거에 높은 서열에 있었다고 해서 현재에도 그런 처우를 받으려고 하는 것은 올바른 처세가 아니다. 과거의 서열은 과거의 서열일 뿐이다. 과거에 자신이 잘나가서 높은 서열에 있을 당시 자기의 비서 역할을 하던 사람이 이제는 현실적으로 높은 서열에 있다면 그 서열을 인정해 주어야 한다. 그렇지 않고 과거의 친분으로 인해 혹은 과거에 자기의 비서였다고 함부로 대하다 보면 능히 내침을 당하게 된다.

또 공식적인 서열과 비공식적인 서열을 혼동하는 사람도 있다. 공식적으로 자기가 모시는 상사가 자기가 회장으로 있는 조기 축구회의 회원으로 있다고 해서 자기 상사를 운동장에서 회원 다루듯 하는 것은 큰 실례다. 자기와 직장에서의 공식적인 지위를 비공식적인 자리에서도 인정해 주어야 한다. 공식적인 자리에서 상사로부터 인정받을 수 있는 절호의 기회는 바로 비공식적인 자리에서 공식적인 서열을 인정해 주는 것이다. 앞서 말한 바와 같이 자기가 비공식적인 모임에서 회장으로 있다면 자기 상사를 회원들 중에서도 특별하게 예우해 주는 것이다. 사람은 인지상정이다. 오고 가는 정이 있으면 그 정에 의해 서로 주고받게 된다. 비공식적인 모임에서 상사를 챙겨 주면 상사 역시 공식적인 자리에서 비공식적으로 맺어진 인연을 소중하게 생각해서 어느 정도 상사가 권한을 부릴 수 있는 한계 내에서는 재량권을 발휘할 것이라는 것을 알아야 한다. 오는 정이 있어야 가는 정이 있게 마련이다. 그렇다고 해서 마음에도 없는데 일부러 그럴 필요는 없다. 진정으로 존경하는 마음으로 대하는 것이 좋다. 순수한 마음에서 해야 한다.

사람은 어떤 형태로든 연결되고 어떤 식으로든 서로가 연결되어 있다. 두 단계만 넘으면 모두 알게 된다. 그러므로 공식적인 서열이든 비공식적인 서열이든 서로가 인정을 해 주고 그 경계를 명확하게 해야 한다. 즉 A조직에서의 서열은 A조직의 서열에 따라 A조직의 서열을 인정해 주고, B조직의 서열을 B조직의 서열에 따라 B조직의 서열을 인정해 주어야 한다.

어떤 사람은 자기가 속한 조직이 더 강하고 좋은 조직이고 격이 높고 수준이 높은 조직이라고 해서 자기가 속한 조직의 계열사나 하청 회사의 서열을 무시하는 경향이 있는데 그것을 큰 실례다. 가난한 나라의 대통령도 대통령이고 부자 나라의 대통령도 대통령이다. 가난과 부자의 차이는 있어도 대통령이라는 서열을 인정해 주어야 한다. 마찬가지로 다른 조직에서 자신의 영향력을 행사하려고 하지 말아야 하고, 다른 조직의 서열이 높은 사람의 서열을 인정해 주어야 한다.

'작은 고추가 맵다'는 말이 있듯 자기가 큰 조직에 몸을 담고 있다고 해서 자기보다 작은 조직에 몸을 담고 있는 서열의 사람을 무시하지 말아야 한다. 그런데 아직도 우리 사회는 갑과 을의 차이로 인해 대기업 과장이 중소기업 임원에게 호통치고, 심지어는 대기업의 신입 사원이 중소기업의 부장에게 함부로 질타하는 경우도 있다. 하지만 그것은 참으로 큰 무례가 아닐 수 없다. 그런 사람은 역지사지의 마음을 가져야 한다.

자기가 높은 곳에 있다고 생각하는 것, 자기가 함부로 말을 해도 된다고 생각하는 것, 자기가 마음대로 말해도 된다고 생각하는 것, 자기가 우위적인 위치에 있다고 생각하는 것은 전형적인 갑 의식이다. 그러한 갑 의식을 내려놓아야 한다. 그런 마음 자세가 올바른 서열 문화를 싹트게 한다.

조직에서 서열이 높다는 것은 책임의 크기가 크다는 것을 의미한다. 그 사람의 권력이 커지는 것을 말하는 것이 아니다. 그런데 많은 사람들이 책임을 등한시하고 권력을 취하는데 급급하고 있다. 그래서 서열이 높은 갑이 서열이 낮은 을에게 횡포를 부리는 문제가 거듭되고 있는 것이다.

11. 상대방은 높이고 자기는 낮춰라

성격적 특성상 남 앞에 서야 하는 주도적인 사람들이 있다. DISC 성격 유형의 D(Dominance)형에 해당하는 주도적인 사람들은 어디서든 둘 이상이 모이면 자기가 주도적으로 무엇인가를 해야 직성이 풀리는 사람이다. 그런 사람들이 남 아래 머물기를 바라는 것은 성격을 개조하려는 것에 비유할 수 있다. 그런 류의 사람들은 툭하면 나서야 하고 자기를 중심으로 모든 것이 움직여야 한다고 생각한다. 자기가 열외 되면 무척 기분 나쁘게 생각한다. 또 자기를 무시하는 처사에 대해서는 울분을 참지 못한다. 모든 것이 자기 위주로 돌아가야 하고 자기가 하는 말이 법이 되고 자기가 피력한 내용대로 사람들이 움직여야 직성이 풀리는 사람이다. 물론 조직원을 움직이는 데에는 그런 사람도 있어야 한다. 그런데 그런 사람들이 너무 주도적으로 나서다 보면 다른 사람들이 소외를 당하는 일이 발생된다. 다수의 논리에 의해 소수의 의견이 묵살 당하듯 그런 사람들로 인하여 정작 정의를 이야기하고 다수에게 좋은 의견을 냈음에도 그것이 묵살되는 경우가 생긴다. 그렇다면 그런 사람들에게는 어떻게 해야 낮춤의 생활습관을 드러내도록 할 수 있을까?

그런 사람들은 성격적인 특성상 규율과 원칙이 정해지면 그에 순응하는 속성이 있다. 그러므로 그런 사람들의 주도적인 무분별한 나섬을 억제할 수 있는 제도적인 규범이 사전에 마련되어야 한다. 그래서 무리하게 나서는 것을 미연에 방지해야 한다. 또한 그런 사람들이 어느 정도 나르시시즘을 느낄 수 있도록 정해진 역할과 책임을 부여해야 한다. 그런 사람일수록 자신에게 주어진 역할과 책임에 대해서는 완벽을 기하려는 속성이 있다. 아울러 언제 어느 시점에 툭툭 튀려는 기질이 나올 수 있다는 것을 전제로 그런 사람이 툭툭 튈 수 있는 시간적인 틈을 주지 않도록 적재적소에 그 사람을 옥죌 수 있는 말을 해 두는 것이 좋다.

| 자기의 역할과 책임을 다하라 |

낮춤을 생활화하고 습관화한다고 해서 모든 경우에 조용히 침묵하고 경청하며 남 앞에 나서지 말라는 것은 아니다. 나서되 다른 사람에게 피해를 주지 않고 다른 사람의 기분을 상하게 하지 않으며 유익한 마음을 갖도록 하는 것이 참된 낮춤이다. 즉 나서서 리드하는 것이 다른 사람과 조직을 위해서 봉사하고 헌신하는 역할이 되도록 해야 한다. 아울러 외향적인 사람은 외향적인 행동을 하도록 하고 내향적인 사람은 내향적인 활동을 하도록 하는 것이 좋다. 각각의 직원들의 속성을 이용하여 그에 상응하는 역할과 책임을 하도록 하는 것이 바람직하다.

나서서 행하는 것들이 다른 사람에게 낮춤으로 받아들일 수 있도록 역할과 책임을 부여해야 한다. 얄궂은 일이나 험한 일, 그리고 다른 사람이 하기 싫어하는 화장실 청소나 기타 잡일을 하도록 하는 나섬이 낮춤이 되는 행동이다. 다른 사람들에게 좋은 인식을 심어 주고 타인은 섬기는 서번트리더십(servant leadership)에 상응하는 나섬이 참된 낮춤이다. 타인의 기분을 상하지 않도록 하고, 타인에게 신뢰감을 주고 후덕하고 자애로운 느낌이 들도록 다른 사람의 가려운 곳을 긁어 줄 수 있는 리더십을 가진 사람이 나섬이 낮춤이 되는 리더다. 있을 때는 크게 표가 나지 않지만 없으면 그 사람의 빈자리가 크게 나타나는 사람이 낮춤의 사람이다.

성서의 누가복음 14장에 "자기를 높이면 낮아지고 낮추면 높아진다."는 말이 있다. 이처럼 진정으로 높아지려고 하는 사람은 자기를 낮춰야 한다. 그러한 것이 자기가 높아지기 위해서 전략적으로 낮추는 것이 아니라, 낮추는 것이 몸에 배어 있어야 한다. 진심은 그러지 않은데 가식적으로 남에게 낮추는 것은 올바른 낮춤이 아니다. 진정으로 다른 사람을 배려하고 온전히 다른 사람에게 집중하는 것이 올바른 낮춤이다. 아울러 다른 사람이 주인공이 되도록 하고 다른 사람이 나르시시즘을 느끼도록 퍼실리테이터로서의 역할을 하는 것이 낮춤과 섬김의 리더십을 발휘하는 것이라고 볼 수 있다.

조직 생활을 하다 보면 자기가 나서서 하는 것을 일부러 표를 내고 하나의 일을 해 놓고 마치 열 가지 일을 한 것처럼 생색을 내는 사람이나 마치 모든 일을 혼자서 하는 것처럼 야단법석을 떠는 사람이 있다. 이런 사람들이 대표적으로 이기적인 낮춤에 해당하는 사람이다. 이런 사람들은 자기 이익을 위하고 다른 사람의 눈을 의식하면서 일하는 사람이다. 이런 사람들은 실제로 성과가 미약한 사람이다. 일을 엄청나게 하지만 실제로 얻는 수확이 적은 사람이다. 왜냐하면 이런 유형의 사람들은 하지 않아도 되는 일을 많이 하는 사람이며, 일을 비효율적으로 하는 사람이라서 생각 외로 실적이 저조하다.

| 소리 없이 움직여라 |

 진정으로 낮춤이 몸에 익은 사람은 소리 소문 없이 움직인다. 마치 일하지 않는 것처럼 보이지만 시간이 지나면 예상하지 못할 정도로 많은 일을 한다. 마치 다른 사람이 보기에는 노는 것처럼 보이지만 앞서 말한 이기적인 낮춤에 해당하는 사람보다 몇 백배의 일을 하는 사람이다. 이런 사람들은 정중동 하는 사람이다. 양지를 지향하면서 음지에서 묵묵히 일한다. 이런 유형의 사람들은 일의 핵심을 보는 눈이 있다. 무엇을 해야 하고 무엇을 하지 말아야 하는 지를 안다. 또 긴급성과 중요도를 감안하여 일의 우선순위에 따라 모든 일을 속전속결로 처리한다. 그야말로 일목요연하고 완전무결하게 일한다. 그런 사람들은 마치 일을 안 하는 것처럼 보인다. 마치 일에 전혀 신경 쓰지 않는 것처럼 보인다. 또한 많은 일을 복합적으로 동시에 한다. 마치 안 하는 것처럼 보이고 경우에 따라서 무슨 일을 하는 것인지 무척 복잡하게 보이기도 한다. 그러면서도 일이 담백하고 심플하다. 또 고요한 가운데 열정을 다해서 일한다. 바로 몰입의 에

너지와 스스로 열정을 파하는 사람이 그런 사람이다. 그런 사람들은 남이 알아주지 않아도 열정을 다한다. 오히려 남이 알아주는 것을 부담스러워 한다.

결과적으로 낮춤이 몸에 배어 있다는 것은 자기에게 주어진 일을 스스로 열정을 다해서 처리하고 자기의 업적과 공을 널리 자랑하지 않으며, 시의 적정하게 자기가 해야 하는 일을 적시에 완성시키는 사람이다. 타인에게 피해가 가지 않는 범위 내에서 다른 사람의 지침이나 간섭을 받지 않으면서 자기가 하고자 하는 일을 묵묵히 해내는 사람이 결국은 낮춤이 습관화된 사람이다. 그런 사람들은 보는 사람으로 하여금 경탄을 자아내게 하고 동해 번쩍 서해 번쩍 하면서도 여유롭게 행동한다. 진정으로 부드러운 것은 강함에서 비롯된다는 말의 의미가 잘 녹아 있는 사람이 바로 그런 낮춤이 습관화된 사람이다.

12. 현재 서열에 집중하라

군에서 오래도록 장교로 근무하다 직장에 들어오면 직장에서도 군대 생활 스타일대로 근무하려는 속성이 있다. 물론 그런 직원도 자기 조직에서는 신입 사원처럼 말하고 행동한다. 그런데 그런 사람이 본사에 근무한다면 문제가 다르다. 자기가 숙여야 하는 조직 생활에서는 확실하게 숙이는 모습을 보이지만 자기가 갑이라고 생각하는 업무에서는 군에서 생활했던 장교 모드가 된다. 그래서 다른 사람에게 하대하고 마치 군에서 졸병 다루는 것처럼 한다. 무엇이든 지시하고 지침을 내려서 행동하게 하려고 한다. 무조건 근거 없이 까라면 까야 하고 없는 것도 만들어서 내야 하는 군대 문화에 물들어서 직장에서도 자신이 지침을 내린 사항에 대해서는 그렇게 행하려는 속성이 있다. 문제는 자기가 지시를 내리고 업무 지시를 하는 사람이 자기보다 20년 혹은 30년이 넘는 선배 사원이라는 데 있다. 물론 직장은 공식적으로 일하는 곳이다. 그러기에 업무 관계 선상에서 지시하고 그 지침을 받아 수행해야 하는 것은 당연하다. 하지만 입사한 지 이제 3년도 안된 신입 사원이 본사 부서라는 이유 하나만으로 30년 된 선배에게 하대하고 막말을 하는 것은 분명 문제가 있는 것이다.

| 직장은 군대와 다르다 |

　직장은 무조건 까라고 해서 까야 하는 군대 문화와는 다르다. 또 직장은 계급이 있지만 오리지널 계급 사회는 아니다. 그러므로 군대에서와 같이 자기가 계급이 높다고 해서 말을 함부로 하거나 그 사람을 무시하는 것은 예의에 어긋나는 행동이다. 거만한 태도, 하대하는 말씨 등 마치 자기가 하라고 말하면 그 즉시 해야 한다는 생각을 버려야 한다. 엄연히 군대 문화와 직장 문화는 다르다. 본사에 있는 사람은 현장에 있는 사람들에게 말 한마디를 하더라도 조심해야 한다. 현장에서 조업하는 사람들은 대개의 경우 피해 의식과 자격지심을 가지고 있는 사람이다. 가만히 있어도 스스로 자격지심을 가지고 일하는 사람들에게 본사 사무실에 앉아서 감을 내놓아라, 혹은 대추를 내놓아라 하는 것은 좋은 모습이 아니다.

　직장은 예절을 중시하는 곳이다. 조직에서는 사람이 우선이다. 일에 집중하다 보면 단기적으로 성과는 나올지는 몰라도 장기적으로 보면 사람간의 관계가 멀어져 결국 상호 불신하게 되고 일의 성과도 저하된다.

　특히 앞서 말한 바와 같이, 군대 장교로 오래 생활한 사람이 직장에 입사하게 되었을 때는 말과 행동이 군대 문화에 젖어 있지는 않은지를 스스로 돌아봐야 한다. 물론 군에서 제대하는 순간 군대의 문화를 버리고 일반 사회인 모드로 돌아왔다고 생각할 것이다. 자기

딴에는 말이다. 하지만 일정한 시간이 지나서 자기가 조직에서 리드하는 위치에 오르면 리더로서 군대 시절의 장교 생활하던 습관이 몸에 익어 군에서 하던 식으로 다른 사람에게 대하는 경향이 있음을 발견하게 될 것이다.

 몸에 익은 습관을 개조하는 데는 많은 고통을 필요로 한다. 자기가 아무리 그렇게 하지 않는다고 말해도 자기도 모르게 몸에 익은 습관이 드러나게 마련이다. 그러므로 과거의 익숙한 습관을 스스로 교정하려는 노력을 계속해서 기울여야 한다.

| 예의를 지켜라 |

 사람들은 선입견을 가지고 있다. 장교 출신이기에 그럴 수 있다고 능히 생각한다. 하지만 그런 사람도 장교 티를 내면서 자기를 함부로 대하는 사람에게는 그다지 좋은 감정을 갖지 않는다. 과거에 장교라는 것은 알지만, 그것으로 인해 자기에게 함부로 대하는 것은 못 참는다. 보기에 장교다운 모습이 있고 일을 하는 것도 군에서 하던 것과 같이 똑소리 나도록 일을 하지만 자기에게 함부로 하고 자기에게 예의 없이 대하는 것은 묵과하지 않으려는 경향이 있다. 아울러 장교라는 선입감을 다른 사람이 가지고 있기에 무슨 일을 하든 거슬리는 것에 대해서는 색안경을 끼고 본다.

물론 조직 생활을 함에 있어서 군에서 장교로 근무한 것이 큰 경험이 되고 생활하는 데 많은 도움이 되는 것은 당연하다. 그것은 누가 봐도 강점이 아닐 수 없다. 군에서 장교로 생활해 본 적이 없는 사람에 비하면 리더십이 몸에 익은 사람이다. 충(忠)에 죽고 충에 사는 사람이 군인이다. 자기 자신의 안위보다 조직의 안위를 먼저 생각하는 사람이 군인이다. 그래서 최근에는 많은 기업체에서 리더십이 준비되어 있는 군대 장교 출신을 특별 채용하고 있다. 그런 사람이 일반 직원에 비하여 인내력도 강하고 조직에 기여하는 충성심도 높기 때문이다. 그런 점은 강점이다. 하지만 그러한 강점이 단점이 되지 않기 위해서는 단점으로 지적되는 사항에 대해서 스스로 조심하고 주의해야 한다. 단점이 장점을 죽이지 않도록 단점을 보완해야 한다.

대기업에서 근무하다 중소기업으로 자리를 옮긴 경우에도 그러한 현상을 보인다. 자기가 지금도 대기업에 근무하는 것과 같은 착각에 빠져 중소기업에서 생활하면서도 마치 자기는 동료들과 격이 다른 사람이라고 착각한다. 그래서 일하는 방식도 대기업처럼 해야 한다든지 혹은 자기의 현재 위치를 망각하지 못하고 대기업 직원과 같은 대우를 해 달라는 것처럼 이야기하는 경우도 있다. 그런데 그것은 아무 짝에도 쓸모없는 자존심이고 아무도 알아주지 않는 무지몽매한 짓이다. 간부에서 일반 신입 사원이 되었거나 대기업에서 근무하다 정년 퇴임을 하여 중소기업에서 근무를 할 때는 이빨 빠진 호랑이처럼 가만히 숨을 죽이고 있어야 한다. 그렇지 않으면 과거의 경험이 자기 현재의 발목을 잡게 된다. 아울러 서열이 높은 사람에 의해서 쥐도 새도 모르게 가진 것을 빼앗기게 될 것이다.

　과거 높은 서열에 있다가 현재 낮은 서열에 있으면 생활하기 힘들다. 이미 과거의 습관이 몸에 배어 있기 때문이다. 또 자기가 전혀 그럴 의사가 없고 전혀 그런 내색을 하지 않는다고 생각하는데 은연중 자기의 외모나 자세에서 풍기는 인상으로 인해 자못 손해를 보는 경우도 있다. 그럴 때는 침묵하는 것이 좋다. 또 나서지 않으면서 낮은 자세를 취하는 것이 좋다. 자기 존재가 드러나지 않도록 조용히 자기를 낮추되 자기가 꼭 나서야 하는 경우가 아니면 뒤로 물러나 조용히 숨을 죽이고 있는 것이 최상이다.

13. 가족의 서열을 정리하라

서열의 중요함을 배우는 곳은 가정이다. 생활하면서 서열이 얼마나 중요하고 서열이 낮은 사람이 서열 높은 사람을 대할 때는 어떻게 해야 하는가를 배우고 익히는 곳이 가정이다. 그래서 가정을 사회의 가장 기본적인 공동체라고 말한다. 집에서 새는 바가지는 밖에서도 샌다는 말이 있듯 가정에서 가정교육을 제대로 받지 못한 사람은 사회생활을 하면서도 바르게 행동하지 못한다. 그래서 불손 가정에서 태어나고 자란 사람은 사회에서도 예의 없이 불량하게 행동한다.

| 서열은 예절로 표현된다 |

최근에는 밥상머리 교육이라고 해서 밥 먹으면서 어른으로부터 배우는 것을 무척이나 중요시하고 있다. 밥을 먹을 때는 연장자보다 먼저 먹지 말아야 하고 주변 사람들에게 불쾌감을 주지 않도록 예의 바르게 행동해야 한다. 밥을 먹을 때 쩝쩝 소리를 내거나 정숙하지 못하게 밥을 먹고 바른 자세로 예의 바르게 밥을 먹지 않으면 안 된다. 그래서 사람을 알아보기 위해서는 함께 식사를 해 보라고 말한다. 함께 밥을 먹다 보면 그 사람의 성향을 알 수 있고 그 사람의 성품을 어느 정도 알 수 있다. 가정에서 올바른 부모로부터 올바른 교육을 받는 사람은 식사할 때도 예절을 잘 지킨다. 또 맛있고 귀한 음

식은 윗사람이 먼저 먹도록 하는 등 윗사람을 먼저 생각하고 배려하는 자세를 보인다. 그렇게 밥을 먹으면서 서열을 배운다.

동물들도 먹을 것이 있으면 서열에 따라 먹는다. 사냥을 해오면 제일 힘이 세고 서열이 가장 높은 자가 먼저 먹고 그 다음에 남은 것을 서열 순으로 먹는다. 그냥 서열 없이 먹는 것도 평화로운 방법일 수 있다. 먹는 것은 마음 편하게 먹어야 하니까 그런 예의나 서열을 생각하지 않고 마음 편하게 먹는 것이 좋다고 말하는 사람도 있다. 물론 그러함도 좋다. 그러나 그것은 일상생활 속에서 서열을 잘 지키고 예의 바르게 행동하는 사람들이 있을 경우에 한한다. 어느 정도 서열에 따른 기본적인 위계질서가 잡혀 있는 조직은 그렇게 자유롭게 밥을 먹고 즐거운 분위기 속에서 지내는 것도 좋다.

일반적으로 사람들은 먹고 마시는 것에서는 본능적으로 행동하기 마련이다. 사람이 살아가기 위해서 가장 기본적으로 해야 하는 것이 먹고 마시는 것이다. 먹고 마시는 가장 기본적인 것이 자세가 되어야 한다. 그래야 일상생활에서 그에 따른 기본적인 예절과 조직에서 원하는 가장 기본적인 실천과 행동을 하게 된다.

| 식사 예절을 잘 지켜라 |

군대에서도 식사 군기를 중요하게 생각한다. 먹을 때도 직각으로

먹어야 하고 식탁을 바르게 혹은 남는 밥이 없도록 하고 적정하게 먹도록 하며 자기가 먹은 식기는 자기가 씻도록 하는 부대도 있다. 또한 먹기 전과 후에는 일용할 양식을 준 농부와 국가에 감사하는 마음을 갖도록 식사 전후에 인사하는 경우도 있다. 이토록 식사를 하는 시간에 계속적이고 반복적인 교육을 통해서 사람의 본능적인 욕구의 상황에서도 예의를 알도록 하는 것이다. 그렇게 함으로 이것이 반복되면 일상생활 속에서도 가장 기본적인 예절을 잘 지키게 된다.

사람이 일반적으로 먹고 마시는 곳이 가정이다. 가정에서는 식사시간에 예절을 배운다. 어른이 되어야 상에 올라 밥을 먹을 수 있었고 여성 상위 시대라고 해서 유교적인 가정에서는 여성은 남성들이 밥을 먼저 먹고 난 이후에 밥상에서 밥을 먹을 수 있었다. 아들은 밥상에서 밥을 먹고 딸은 방바닥에서 밥을 먹었던 시절도 있다. 그렇게 서열에 따라 먹는 것이 서로가 차별화되었던 시절이 있었다. 아버지의 밥은 아랫목 이불 아래에 따뜻하게 했던 시절, 김이 모락모락 피어나는 하얀 쌀밥은 귀한 사람이나 손님 밥상에 올리고 찬밥은 그냥 가족들이 먹었던 시절이 있었다. 먹는 것에도 서열이 있고 같은 입이라고 해서 모두가 같은 것을 같은 방식으로 먹는 것은 아니다. 서열에 따라 지위에 따라 먹는 것과 먹는 방식이 다르다. 배설하는 것은 모두 같은 방법으로 배설하지만 먹는 것은 서로 다르다. 그렇게 볼 때 먹을 때는 서열에 준하여 먹어야 함을 의미한다. 먹을 때 이미 우리는 서열을 배운다.

동물은 먹을 때도 서열에 따라서 먹는다. 힘이 없으면 자기가 먹고 싶어도 맘껏 먹지 못하는 것이 동물의 세계다. 이에 반해 인간의 경우에는 먹는 것은 서열과 연령에 따라 예의를 갖추고 먹는다. 그러한 과정에서 서열을 배우는 것이다. 애들이 먼저 수저를 들어서는 아니 되고 어른이 밥을 먹기 전에는 손아래 사람이 밥을 먹어서는 아니 되며 어른이 밥을 먹지 않으면 어른이 밥을 드실 수 있도록 말하고 밥을 먹으면서도 어른의 말에 대답하는 경우에 입에 음식물이 있다면 그 음식을 비우고서 말을 해야 하는 등의 식사 예절을 잘 지켜야 한다.

요즘에는 비즈니스 식사 예절에 대한 공부를 특별히 하는 경우도 있다. 업무적으로 식사를 할 때 한식과 양식의 경우에 어떻게 식사하는 것이 좋은가를 배우는 것이다. 식사를 하면서 서열에 따라 앉은 자리도 달라야 하고 식사하는 위치도 서열에 따라 배정해야 하는 등 비즈니스 차원에서 식사를 예의 바르게 하는 것이 무척 중요하다. 즉 비즈니스 차원에서 식사를 어떻게 하는가에 따라 성사 유무가 판가름 난다.

이처럼 먹고 마시는 것에도 모든 것이 서열에 의해서 이뤄진다는 것을 배우고 익히는 곳이 가정이다. 그래서 유교에서는 삼강오륜 중 하나로 장유유서(長幼有序)라고 말한다. 어른과 아이는 차례가 있어야 함을 의미한다. 이 뿐만 아니라 오륜 중의 모든 것이 순서와 서열에 대한 것이다. 군신유의, 부자유친, 붕우유신, 부부유별이라 하여 임금과 신하 간에 의리가 있어야 하고 아버지와 아들은 친함이 있어야 하며 친구 간에는 신의가 있어야 하고 남편과 아내는 다름이 있어야 한다.

  여기서 임금과 신하는 의가 순서를 유지하고 군신 관계를 유지하게 하는 원동력이라는 말이다. 임금과 신하의 사이에 의로움이 없으면 그 관계가 오래도록 유지되지 못한다. 마찬가지로 부자간에도 친함으로 순서가 잘 유지되어야 한다. 서열을 무시하지 않고 부모를 공경하는 것이 친함으로 서로 관계를 이어 가는 부자간의 관계라고 볼 수 있다. 부부유별 또한 남편과 아내가 서로 분별이 있어야 함을 의미하는 것은 어쩌면 남편과 아내 사이에도 서열이 있으므로 그에 준하여 행동하라는 것을 의미한다. 심지어 수평 관계에 있는 친구 사이에도 믿음이라는 것이 서열을 유지하게 함을 뜻한다. 친구 간에도 믿음이 있어야 서열이 유지된다.

  서열이라는 말은 관계라는 말과 유사하다. 즉 관계가 있는 곳에는 항상 서열이 있기 마련이다. 위와 아래로의 서열, 동료들의 관계인 옆으로의 수평적인 서열도 서열이다. 단순히 서열이라는 것이 높고 낮음이나 길고 짧음이나 위와 아래로의 크고 작음의 순서를 정하고 힘의 세기를 정하는 차원의 서열에 국한하지 않는다. 넓게는 모든 수평적인 관계에도 서열이 있다고 볼 수 있다. 즉 수평적인 관계가 서열이 되는 것이다. 그래서 그런 관계를 같은 서열이라고 말을 하기도 한다. 같은 계층이고 같은 레벨이라고 말한다

이렇게 서열 유지가 잘되고 있는지를 확인하는 가장 좋은 방법은 상대방과 함께 식사를 하는 것이다. 함께 밥을 먹으면 그 분위기를 서로 느끼면서 서열의 실제 세력을 느낄 수 있다. 말을 하지 않아도 상대방이 얼마나 조심하면서 식사를 하는지 상대방이 어떤 생각을 하면서 식사하는지 상대방이 서열을 의식하고 있는지 않는지를 알 수 있다. 그래서 밥상머리 교육이 중요하다는 것이다. 식사 예절이 잘 되어 있는 조직은 위계질서가 잘 잡혀 있는 조직이다. 부모가 혹은 어른들이 식사를 하든 말든 자기 마음대로 식사하고 어른이 식탁에 오기 전에 자기들이 먼저 더럽게 어수선하게 음식을 먹고 식탁을 더럽게 했다면 그 가정은 더 이상 볼 필요가 없다.

가정의 식탁은 가족들의 예절이 담겨 있는 곳이다. 반찬이 어떻게 놓이고 어른의 밥그릇과 수저와 젓가락이 어떻게 놓여 있으며 밥을 먹을 때 어른이 어디에 앉도록 하는가를 보면 그 집안의 가풍을 알 수 있고 밥을 먹을 때 어떤 분위기 속에서 밥을 먹는가를 보면 그 가정이 얼마나 행복한 가를 알 수 있다.

14. 서열 낮은 사람이 있어야 서열 높은 사람도 있다

기초공사가 부실하면 결국 무너진다. 아무리 높은 빌딩도 1층이 무너지면 모두 무너진다. 운동을 하더라도 기초 체력이 튼튼해야 오래가듯 기초가 중요하다. 아무리 좋은 재능을 가지고 있어도 체력이 뒷받침되지 않으면 모든 것이 무너지게 마련이다. 축구하든 무엇을 하든 기본기가 중요하다. 일상생활을 하면서도 기본의 실천을 중요시하는 이유도 바로 기본이 무너지면 모든 것이 무너지기 때문이다.

| 밑바닥이 무너지면 전부가 무너진다 |

서열의 기본이 되는 것은 제일 밑바닥 서열이다. 서열의 중심은 위도 중간도 아닌 최하위 서열이 기본이다. 결과적으로 서열이 오래 유지되기 위해서는 기본이 잘 유지되어야 한다. 이는 생태계 먹이사슬이 조화와 균형을 이루기 위해서는 초식 동물의 먹이가 되는 먹이사슬의 제일 하반부에 있는 1차 사슬이 잘 유지되어야 하는 경우와 같다. 먹이사슬에서도 1차 사슬이 무너지면 모든 개체가 무너지게 마련이다. 기업 경영도 마찬가지다. 대기업의 성장과 발전에 이바지하고 기업들이 지속 성장하고 국가 경제가 부강하게 되기 위해서는 기초 산업이 튼실해야 한다.

서열이 높은 사람은 서열 밑바닥에 있는 사람을 잘 챙겨야 한다. 자기에게 잘하고 아부하는 그런 부하를 잘 챙겨야 하는 것이 아니라 가장 밑바닥에 있는 사람을 잘 챙겨야 한다. 밑바닥 서열에 있는 사람은 고층 건물의 제일 하단부에 있는 1층 건물과 같다. 그 사람이 무너지면 쌓아 놓은 벽돌의 가장 아래에 있는 벽돌이 사라지는 것과 같다. 제일 하단부에 있는 벽돌이 무너지면 건물은 순식간에 무너지게 마련이다.

그런데 서열이 높은 사람들은 서열이 낮은 사람들을 등한시 하는 경우가 많다. 자기보다 높은 서열의 사람에게는 적극적으로 신경 쓰면서도 자기보다 서열이 낮은 사람에게는 관심을 많이 갖지 않는다. 또 밑바닥 서열에 있는 사람이 어느 정도 높은 서열에 올라오면 그제야 비로소 관심을 보이기 시작한다. 그러한 이유는 자기의 서열에서 그런 하찮은 서열에 있는 사람을 신경 쓸 정도로 시간이 많이 없다고 생각한다. 그런 사람은 굳이 자기가 아니어도 다른 사람에게 위임해서 그들이 밑바닥에 있는 서열이 제일 낮은 사람을 잘 챙기도록 하면 된다고 생각한다. 결국은 무관심으로 일관한다.

기업 경영에서 승승장구하는 회사나 보람이 넘치고 활력이 넘치는 조직은 공통적으로 최고 하위 서열에 있는 사람이 튼실한 경우가 많다. 매사 긍정적이고 활력이 넘치는 그런 직원들이 있기에 늘 그 조직은 활력이 넘치고 활발한 분위기를 자아낸다. 또 그런 사람을 하찮은 사람이라고 생각하지 않고 경력 사원 같은 신입 사원처럼 대우한다. 신입 사원이라고 허드렛일을 시키고 새내기라고 우습게 생각하지 않고 그들의 역량을 길러 주는 교육에 매진하고 직접 자신이 멘토가 되어 가르치기도 한다. 한 사람 한 사람을 귀하게 예우하고 신입 사원을 소중하고 귀한 사람으로 대접한다. 신입 사원이라고 무시하지 않는다. 신입 사원도 하나의 인격체로써 귀하게 생각한다.

그렇다. 최고 아래에 있는 사람을 보살피고 관심을 가져야 한다. 제일 아래에 있는 사람이 바로 조직의 근간을 이루는 초석이기 때문이다. 조직에서 중심이 되는 서열에 있는 사람이 중심축을 이루는 사람이라면 제일 말단에 있는 사람은 중심축이 놓이는 기반이다.

그런데 많은 리더들이 자기의 영향력을 발휘하여 아랫사람에게 함부로 하고 자기보다 서열이 낮은 사람에게 함부로 하는 경향이 있다. 자기보다 높은 사람에게는 아부하고 자기보다 서열이 높은 사람에게는 잘 보이기 위해서 안간힘을 쓰면서도 자기보다 서열이 낮은 사람은 억압하고 핍박하고 억누른다. 오로지 시선을 위로만 향하고 있다. 윗사람에게 잘 보이려고 하는 사람은 많아도 아랫사람에게 잘 보이려고 하는 사람은 적다. 자기보다 서열이 높은 사람에게 잘 보여야 자기가 더욱 높은 자리에 오를 수 있기 때문이다.

하지만 높은 사람이 자기보다 서열이 낮은 사람을 억압하고 핍박하는 것은 결국 자기 위치를 더 낮추는 것과 다를 바 없다. 식빵이 부풀어 있는데 그것을 손바닥으로 누르면 식빵의 두께가 얇아지게 마련이다. 못을 망치로 때리면 못은 당연히 아래로 박히게 되고 그로 인해서 높이가 낮아지게 마련이다. 높이 쌓여 있는 흙에 올라서 계속해서 뛰고 발로 세게 밟으면 그로 인해서 그 높이가 낮아지게 마련이다. 압박해서 높아지는 것은 스트레스 압력뿐이다.

| 부하를 압박하면 자기 서열도 낮아진다 |

일반적으로 압박하고 압축하면 부피가 줄어들기 마련이다. 이처럼 서열이 높은 사람이 압박하면 억지로 아래로 압박하고 피스톤에 힘을 주면 피스톤 손잡이가 아래로 내려오듯이, 그 서열이 높은 자리가 낮아진다는 것을 알아야 한다. 또 위에서 압박하면 아래에 있는 사람들은 서로 압축되고 밀착이 되어서 질식하거나 서로 압착되어서 죽게 된다. 그래서 힘을 못 쓰는 것이다. 충분한 공간이 확보되지 못해서 여유가 없게 되고 움직일 수 있는 공간이 충분히 확보되지 못해서 서로 불편해지고 무엇보다 각각의 서열 위치가 낮아진다. 그러므로 자기의 서열을 높게 하기 위해서는 아랫사람을 압박하고 누르는 것이 아니라, 자기보다 서열이 낮은 사람이 어지간한 압박에도 끄덕하지 않는 힘을 기르고 그들의 높이를 높게 하는 데 주력해야 한다. 자기보다 서열이 낮은 사람의 서열의 높이가 높아지면 그로 인해 자기의 서열의 높이가 높아지는 것임을 알아야 한다.

자기 부하들이 조금씩만 높아져도 그 높이의 합이 곧 자기의 높이가 되므로 혼자 높아지려고 하는 높이보다 수십 배 이상의 높이로 오르게 될 것이다. 그래서 공자는 자기가 높아지려고 하면 먼저 남을 먼저 높여야 한다고 말한다. 마찬가지로 자기 서열의 높이를 높이기 위해서는 부하 직원의 서열의 높이를 높여 주어야 한다.

 모든 나무는 아래에서 위로 자란다. 또 안정되고 오래도록 유지하고 지탱하기 위해서는 하체가 튼튼해야 한다. 아무리 머리에서 인간의 행동을 조정하고 조율을 한다고 해도 머리에서 명령한 내용이 결실을 맺기 위해서는 손과 발이 움직여야 한다. 아래의 것들이 움직여야 한다. 머리만 움직여서는 결실을 맺을 수가 없다.

15. 서열 낮은 자를 계속 길들여라

서열이 높은 사람이 서열을 유지하기 위해 주로 하는 것은 자기보다 서열이 낮은 사람을 계속 전략적으로 길들이는 것이다. 야성을 버리지 못해 제멋대로 천방지축 날뛰는 망아지와 같은 수하를 길들이듯이 자기 권위와 권력에 복종을 하도록 계속해서 길을 들인다.

| 반복해서 자극하라 |

사람은 계속해서 일정한 자극을 부여하면 그 자극에 기인하여 특정한 반응을 보이기 마련이다. 그래서 한 사람을 변화시키기 위해서는 그런 원리에 입각하여 반복적·주기적으로 동일한 자극을 부여한다. 그러한 과정에서 자극을 부여했는데 자기가 원하는 반응이 나오지 않으면 자기가 원하는 반응을 보일 때까지 계속해서 상대방을 자극한다. 그러면 상대방은 훈련이 되어서 그러한 반응을 보이게 된다.

군에서 군인들을 훈련하는 것은 군대 생활에 필요한 사람으로 만들기 위해서고, 회사에서 직원들을 교육을 시키는 것은 훈련을 통해 그 사람을 그 기업에 맞는 인재로 만들기 위해서다. 사람을 변화시키는 것은 교육이다. 즉 사람은 교육을 통해 변화된다. 그러므로 서열이 낮은 사람을 계속해서 자기가 원하는 사람으로 만들기 위해서는 계속 일정한 자극을 주면서 길을 들여야 한다. 그렇게 계속해서 길을 들이다 보면 어느 순간 길을 들이지 않아도 알아서 잘하게 된다. 계속 일정한 자극을 주면 그로 인해 자동적으로 반응을 보이도록 훈련된다. 그 상태가 되면 별도로 특별한 자극을 주지 않아도 준비만 하면 자기도 모르게 반응을 보이게 된다. 길들여진 사람도 자기가 그런 길들여짐에서 벗어나려고 안간힘을 써 보지만 어느 순간 자기도 모르게 그것에 중독된다.

　인간은 뭔가에 중독되면 그것을 하지 않으면 금단증세를 보인다. 오랜 기간 담배를 피우던 사람이 갑자기 금연하면 금단 증세를 보이는 것과 같다. 마찬가지로 앞서 말한 바와 같이 길들임을 당하는 사람이 자기가 길들임을 당하고 있다는 것을 알면서도 그 사람의 곁을 벗어나지 못하는 것은 계속 길들임을 당하는 과정에서 자기도 모르게 그것에 길들여졌기 때문이다. 즉 길들여지는 것 자체에 길들여진 것이다. 마치 어릴 때 코끼리를 묶어 두면 나중에 커서도 도망가지 못하는 것처럼 학습된 무기력에 빠지게 되는 것이다.

　사람을 길들인다는 것은 제멋대로 행동하고 자기 하고 싶은 대로 행동하는 사람에게 지속적·반복적으로 지식을 전달하여 그 사람을 학습한 대로 행동하도록 하는 것이다. 아울러, 그것을 계속적으로 반복하는 과정에서 자기 스스로 중독되게 하는 데 목적이 있다.

| 길들이지 않으면 결정적인 순간에 배반한다 |

서열이 높은 사람이 서열이 낮은 사람을 계속해서 길을 들여야 하는 이유는 길을 들이지 않으면 어느 순간 그 사람이 자기를 넘어서려고 하기 때문이다. 사실 어떤 사람을 길들인다는 것은 이성적으로 학습하게 하는 것을 의미한다. 그래서 자기 제멋대로 하고 싶은 감정을 이성에 의해서 억누르는 것이다. 그렇게 함으로써 길들여진다. 그런데 그러한 교육이 계속해서 효과를 발휘하는 것은 아니다.

아무리 길들여졌다고 해도 그 사람이 일정한 환경을 벗어나 전혀 딴 세상의 환경을 접하면 그로 인해 길들임의 효능이 저하될 수밖에 없다. 또 시간이 지나면 자기의 감정이 폭발하고 자기에게 위험한 상황에 처했다고 자신이 인지하면 그 길들임의 족쇄를 풀어 버리고 자기가 하고 싶은 대로 행동하려는 경향이 있다. 그러므로 길을 들였다면 길들여진 사람의 감정을 흔드는 환경에 접하지 못하게 해야 한다. 또한 그 사람의 감정이 격하게 반응하지 않도록 안정감을 주어야 한다. 그렇지 않으면 북한 사람들이 자본주의가 좋아서 목숨을 걸고 탈북을 시도하듯이 잘 길들여진 사람이 울타리를 이탈하려는 징후를 보이게 된다. 그간에는 자기가 그런 세상이 없는지를 알았는데 자기기 실제로 큰 세상을 나가 보니 얼마나 우물 안 개구리와 같은 생활을 한 것인지를 알게 된다. 그러한 신세계를 접했다는 것 자체를 상상하면 그로 인해 새로운 감정이 생기고 그 감정적인 변화에 의해서 딴 생각을 한다. 그래서 우리에서 탈출한다.

그런 점에 입각하여 서열이 낮은 사람을 길들일 때에는 그 사람의 실태를 예의 주시해야 한다. 그래서 감정적인 반응을 보이거나 길들임의 울타리를 탈출하고자 하는 징후가 보이면 곧바로 특별 조치를 취해야 한다. 마치 정신병자처럼 날뛰는 사람을 잠재우기 위해서 수면제나 마취제를 투여하듯이 탈출 징후가 보이면 미끼를 던져 그것을 물도록 하거나 특별 조치를 취하여 탈출을 시도하지 못하게 해야 한다.

거대한 저수지의 둑도 미꾸라지 구멍에 의해 무너질 수 있듯이 한 번 길들임을 당한 사람이 그것을 벗어나려고 시도하면 또다시 그러한 시도를 할 확률이 높다. 감옥에서 탈옥을 생각하는 사람은 한번 탈옥을 시도한 경험이 있는 사람이 많다. 한 번도 탈옥을 시도한 적이 없는 사람은 탈옥할 확률이 적다. 고기도 먹어본 사람이 먹는다는 말이 있듯 한번 해 봤기에 그러한 행동을 반복하는 것이다. 그러므로 길들인 사람이 계속 주기적·반복적으로 이상 징후가 발생되고 자기가 관리하는 영역을 벗어날 조짐을 보이면 삼장법사가 손오공의 머리를 아프게 하는 장치를 했듯이 그러한 장치를 부여해서 징후를 보이면 스스로 고통을 느낄 수 있게 해야 한다. 그래서 날고 기어 봤자 부처님 손바닥 안이고 뛰어 봤자 벼룩이라는 것을 스스로 느끼게 해야 한다.

계속해서 길을 들이면 상대가 가끔은 밖으로 튀어나가려고 시도를 할 것이다. 애완견과 산책을 하다 보면 가끔 그런 경우를 경험한다. 처음에는 주인 말을 잘 듣고 주인 곁을 잘 따라다니다가 어느 시점에 자기 마음대로 주인의 시야에서 사라지는 경우가 있다. 그러다 실컷 자기가 다니고 싶은 곳을 싸돌아다니다 어느 순간에 주인을 찾는다. 마치 어린아이가 놀다가 엄마를 잊어버리고 엄마를 다시 찾는 것과 같다. 마찬가지로 평소에 길들여져서 잘 따르고 순종하고 복종하던 사람도 일정한 시간이 지나면 한 번은 자기 마음대로 살고 싶다는 생각을 한다.

평생 남편이 벌어다 주는 돈으로 생활하던 사람도 한 번 가정을 떠나 멀리 외딴 곳에서 혼자 살고 싶은 생각을 갖는다. 또 아무리 맛이 있는 음식일지라도 계속해서 그것을 먹다 보면 싫증이 난다. 그래서 새로운 반찬을 찾는다. 마찬가지로 길들임을 당하는 사람의 입장에서는 자기가 그러한 곳에서 벗어나 자기가 임의로 생각한 것을 실제로 행동으로 옮기고 싶어 하는 생각을 갖는다. 그래서 일단은 일을 저지른다. 떠나고 벗어나면 잘될 거라는 막연한 생각과 벗어나서 무엇을 하겠다는 뾰족한 전략도 없이 무책임하게 일을 저지른다. 그러면서 자기가 생각했던 것이 그래도 잘한 결정이라고 자기최면을 건다. 그러면서 계속해서 더 멀리 달아나기 위해서 갖는 수단과 방법을 동원한다.

하지만 그것도 잠시 얼마 가지 못해서 다시금 그 자리로 돌아오는 경향이 있다. 또 자기 스스로 어느 시점에 그 길들임의 울타리에서 결코 벗어날 수가 없다는 것을 자기 스스로 인지를 하게 되고 스스로 포기하는 경향이 있다. 그냥 포기하는 것이다. 혼자서 아무리 발버둥 쳐도 뾰족한 방법이 없어서 다시 돌아오는 것이다. 그러면서 언젠가 다시금 기회가 도래하고 더 많은 준비를 해서 언젠가는 독립을 할 것이라고 자기 합리화를 한다. 하지만 그런 생각도 오래가지 못한다.

| 학습된 무기력에 빠뜨려라 |

 사람이 길들여진다는 것은 그 사람의 감정을 이성으로 억누르는 것이다. 그러므로 앞서 말한 바와 같이 계속적으로 길을 들이기 위해서는 상대에게 계속적으로 이성을 주입해야 한다. 이성을 계속해서 주입하면 그 사람은 감정의 수위가 점점 낮아진다. 그러므로 사람을 길들이는 사람은 길들여지는 사람이 자기감정을 억누르고 상대방이 원하는 감정을 드러낼 정도의 강력한 먹이가 무엇인가를 생각해서 그것을 억제시켜야 한다.

 길을 들일 때는 아주 매몰차고 냉정해야 한다. 어정쩡하게 하지 말아야 한다. 아주 냉정해야 한다. 지독한 독종이 되어야 한다. 전사를 양성하는 훈련소의 교관이나 조교가 악랄해야 강한 전사가 만들어진다. 혹독한 훈련을 견뎌 낸 군인이 전쟁에서 승리를 가져온다. 열악한 악조건 속에서도 자기 자신을 건재하게 유지하기 위해서는 그만큼 고된 훈련을 해야 한다.

또 계속해서 길을 들이기 위해서는 상대방이 원하는 것을 가지고 있어야 한다. 또 그 사람의 눈과 귀에 들어오는 모든 것이 길들여지는 자극을 주는 것이 되도록 만들어야 한다. 동물들은 자기에게 먹이를 주는 사람이 먹이가 떨어지고 먹이를 가진 다른 사람이 보이면 그 사람에게 가려는 본능이 있다. 그래서 눈을 떠도 길들임을 의식하고 그 사람이 자주 가는 장소에 길들임의 의식이 제대로 박히도록 제반 환경을 조성해야 한다. 그러면 길들임의 효과가 더 오래갈 것이다.

한번 잘만 길들여 놓으면 평생 잘 써먹을 수 있다. 그러기 위해서는 제대로 교육시키고 자기 울타리 안에만 있으면 먹고 사는 데 전혀 지장 없고 재미와 자긍심과 신뢰까지 함께 맛볼 수 있음을 알게 해야 한다.

아울러 너무 키워 주지 말아야 한다. 적당히 눌러 줘야 한다. 계속해서 조금씩 눌러 주면 된다. 너무 비행기를 태우지 말아야 한다. 자기가 진짜 그러한 능력을 가진 사람이라고 자기 스스로 착각한다. 그래서 결정적인 순간에 반항하고 결정적인 순간에 떠나 버리는 것이다. 그러므로 길을 들이기 위해서는 자기가 가진 패를 전부 상대방에게 내보이지 않아야 한다. 그러면서 감칠맛 나도록 시나브로 하나씩 주어야 한다. 한꺼번에 너무 많은 것을 주면 반드시 부작용이 생기게 마련이다. 받을 것을 다 받았고 더 이상은 받을 것이 없다고 생각하면 그 사람은 그 자리를 뜨게 된다. 자기에게 보다 더 많은 이익을 주는 사람에게로 가는 것이다.

그런 원리를 잘 활용해서 길을 들인 사람을 계속해서 데리고 있어야 하는 상황이라면 그 사람에게 계속해서 이익을 주고, 그렇지 않고 어느 정도 시간이 지나면 자유롭게 방목하듯 풀어 주어야 한다는 생각을 가지고 있다면 더 이상은 상대가 원하는 것을 줄 것이 없다는 연기를 해야 한다. 그러면 상대방은 귀찮게 하지 않아도 알아서 자기 스스로 사라지게 될 것이다.

16. 자존감을 높여라

  자기보다 서열이 높은 사람 밑에서 살아남기 위해서는 그 사람의 자존감을 높여 줘야 한다. 남성은 본능적으로 자기가 다른 사람보다 힘이 강하다는 것에서 강한 자존감을 느낀다. 남자는 자존감의 계기판이 오르면 기분 좋아하고 그 기분에 의해서 마음에 있는 모든 것을 다른 사람에게 퍼 주고 싶어 하는 경향이 있다. 그러므로 가능한 한 서열이 높은 사람의 기분을 좋게 하는 데 주력해야 한다. 혹자는 그것은 아부라고 말을 하지만 엄밀히 말하면 아부는 강력한 칭찬이다. 그것도 상대방의 자존심을 약화시키고 자존감을 증폭시켜 상대방 속마음을 일시에 무너뜨리는 강한 칭찬이다. 그래서 아부에 의해서 마음의 빗장을 풀고 아부하는 사람에게 권력을 위임하는 것이다. 자기의 속마음을 꿰뚫고 자기를 흡족하게 해 주기에 그 무엇을 주어도 아깝지 않게 생각한다.

| 상사의 마음을 어루만져라 |

  사람은 높은 자리에 있으면 자기의 속마음을 알아주고 자기를 기분 좋게 하고 자기의 마음을 편하게 해 주는 사람을 곁에 두려고 한다. 아무리 조직에서는 공적인 관계가 중요하다고 하지만 공적 관계에서도 유독하게 자기에게 사적으로 잘해 주는 사람을 보면 호감을

느낄 것이다. 그래서 그 사람에게 더 살갑게 대하고 그 사람을 가족처럼 대하며 그 사람에게 무한정 많을 것을 해 주고 싶어 할 것이다.

　사람은 사랑을 주고받는 가운데 관계가 향상된다. 그러므로 사랑을 받기 위해서는 사랑을 주어야 하고 은혜를 입었으면 은혜를 갚아야 한다. 그것이 인지상정이다. 무한정 주는 것을 좋아하는 사람은 없다. 또 받으면 마음에 빚이 생겨 결국은 주고 싶어 하는 마음이 생긴다. 그것도 마음에 꽉 찰 정도의 진심 어린 정성을 다해서 자기를 왕처럼 섬기는 사람에게는 무한정 많은 것을 베풀고 싶어 하는 것이 사람의 마음이다.

　서열이 낮은 사람은 서열이 높은 사람의 마음을 잘 알아야 한다. 그래서 자기 상사가 무엇으로 인해 불편해하고 또 어떤 고민을 하고 있는지를 알아야 한다. 그래서 그것을 해결하는 선봉장이 되어야 한다.

　일반적으로 남을 다스리는 사람에게는 조아와 이목과 수족과 같은 세 부류의 사람이 있어야 한다. 여기서 '조아(爪牙)'는 상사가 하고자 하는 일을 거침없이 하는 사람을 말한다. 이것저것 재지 않고 인정사정없이 하는 사람을 조아와 같은 사람이라고 칭한다. 또 '이목(耳目)'은 상사의 눈과 귀가 되어서 상사가 원하는 정보를 가져다주는 사람이다. 상사가 앉아서 삼천리를 볼 수 있도록 많은 정보를 제공해 주는 사람이 이목이다. 마지막으로 '수족(手足)' 같은 사람이 있어야 한다. 상사의 손과 발이 되어서 상사의 심부름을 해 주는 사람이 있어야 하는 것이다.

 이 말에 비춰 볼 때 서열이 낮은 사람은 이상과 같은 세 가지의 역할을 해 주어야 한다. 그래서 상사가 하고자 하는 일을 불같이 행하고 상사에게 좋은 정보를 제공하며 상사의 명령에 군말 없이 즉시 처리를 하는 사람이 되어야 한다.

 감언이설(甘言利說)이나 교언영색(巧言令色)으로 상사의 기분을 좋게 하는 것이 좋은 아부가 아니라 이상과 같은 조아, 이목, 수족과 같은 역할을 하는 사람이 진짜 아부를 잘하는 사람이다. 그런 아부를 할 때 상사는 든든함을 느낀다. 그런 사람이 곁에 있다는 것으로 힘이 나고 그러한 힘이 자존감을 높여 준다.

17. 서열 정하는 기준에 맞춰라

　약자가 살아남기 위해서는 강자가 서열을 정하는 기준이 무엇인가를 빨리 인지해야 한다. 강자가 서열을 정하는 기준은 늘 변한다. 사람이 하루에 오만 가지 잡생각을 하듯이 우리가 생각하는 감정 또한 오만 가지이다. 즉 하루에도 수없이 감정이 변죽을 끓듯 왔다 갔다 한다.

　강자는 서열을 매길 때 그가 처한 현실에서 가장 우선시되는 것이 무엇인가에 따라 그 서열을 메기는 기준을 달리한다. 적자를 보는 상황에서는 성과나 이익을 우선시하고 이익과 성과가 많이 나는 상황에서는 안정적인 관계를 우선시한다. 그래서 성과가 우선시되는 경우에는 전문가나 경험이 많고 물불을 가리지 않으며 도전적으로 성취 지향적인 사람을 중요시하고, 안정적인 관계에서는 인품이나 학식이 풍부하고 여러 성향을 가진 사람을 아우르는 온유한 사람을 중요시한다. 이처럼 강자는 정해진 상황에서 자기가 처한 상황이 어떠한 상황인가에 따라 자기가 쓰고자 하는 사람을 달리한다. 그러므로 강자 아래에서 살아남기 위해서는 다양한 능력을 지녀야 하고, 그 능력이 적기 적시에 힘을 발휘할 수 있도록 강자의 생각을 읽을 줄 알아야 한다. 아울러 자기가 처한 조직이 현재 어떤 상황에 처해 있으며 어떤 흐름인가를 읽을 줄 알고 그 흐름을 예측하는 능력을 가지고 있어야 한다. 그래야 강자가 원하는 시점에 강자에게 힘을 보탤 수 있다. 그렇지 않고 적기에 강자의 욕구를 채워 주지 않으면 강자가 평소 생각하고 있는 사람을 적임자로 내세우게 된다. 그러므로 자기에게 능력이 있고 욕망이 있다면 강자가 적임자를 찾기 전에 자기가 적임자임을 강자에게 드러내야 한다. 그래서 강자가 자기를 선택을 하도록 유혹해야 한다. 그 시점 또한 적기에 맞아야 한다.

강자는 한 번 정한 서열을 계속 유지하지 않는다. 왜냐하면 고인 물은 썩어 버리듯 정체되어 있는 조직은 항상 부패하고 퇴보하기 때문이다. 즉 강자는 흐름에 따라 혹은 조직이 처한 분위기에 따라 서열을 달리한다.

일례로, 직장에서 안전이 중요시될 때는 안전 부장이 선임이 되고, 노사 문제로 인해서 조직이 시끄러운 상황에서는 노무 부장이 선임이 된다. 또 환경으로 인해서 문제가 커지면 환경 부장이 주역이 된다. 이처럼 그때그때 발생되는 이슈에 따라 산발적으로 서열이 바뀐다. 그러므로 늘 준비하고 대기해야 한다. 아울러 상사가 알고 있는 영역에 대해서는 모든 분야에 관심을 가지고 연구·학습을 해야 한다. 그래서 강자가 이슈로 하고 있는 일이 발생되면 그 이슈 기간 동안 만사 다른 일을 하지 말고 오직 강자가 신경 쓰는 일을 해야 한다. 안전사고로 인해서 강자가 힘들어 하는 경우에는 안전에 심혈을 기울여야 하고 환경으로 인해서 강자가 애를 먹고 있는 상황에서는 환경 부장을 보필해야 한다.

강자를 보필하는 데 있어 강자가 무엇을 원하고 강자 입장에서 서열이 낮은 사람이 무엇을 해 주기를 원하고 있는가를 판별할 수 있어야 한다. 그래서 강자가 서열을 정할 때 무엇을 기준으로 정하는지를 알아야 한다. 그러기 위해서는 강자의 업무를 파악해야 하고 강자가 접하는 제반 사안에 대한 정보를 알고 있어야 한다. 그래서 그 업무와 강자의 행적을 토대로 강자의 패턴을 연구해야 한다.

강자의 미래 행동은 강자의 과거 행동을 통해 유추해 볼 수 있다. 강자의 과거 행동 패턴을 연구하다 보면 미래에 어떤 행동을 할 것이라는 것을 예측할 수 있다. 물론 경우에 따라서는 상향 리더십을 발휘하여 강자가 미래에 무엇을 선택하게 됨으로 어떤 결정을 할 것이라는 것을 생각해서 자기가 원하는 결정을 하도록 액션을 취하는 것도 좋다.

하나의 문제를 해결하는 수단은 수없이 많다. 중요한 것은 그 문제를 해결하기 위해서 어떤 수단을 활용할 것인가에 있다. 그 수단은 온전히 강자의 선택에 달려 있다. 강자가 그 문제를 해결하지 않아도 된다고 생각하면 그것은 문제가 되지 않는다. 또 자기가 문제가 아니라고 생각을 했는데 강자가 그것이 아주 심각한 문제라고 생각하면 그것이 심각한 문제로 둔갑한다. 모든 것은 강자하기 나름이다. 그러므로 강자의 아래에서 온전히 살아남기 위해서는 강자에게 순종해야 하고 강자의 가려운 곳을 시원하게 긁어 줄 수 있는 다재다능함을 지녀야 한다.

일을 열심히 하고 성과를 많이 내는 것이 강자의 서열을 정하는 기준이 되는 것은 아니다. 강자가 서열을 정하는 기준은 자기 마음에 드는 사람인가가 중요하다. 강자는 약자의 능력과 충성심을 저울질한다.

 사냥을 하기 위해서는 사냥개가 있어야 한다. 그렇다고 사냥이 끝난 연후에 사냥개와 함께 잠을 잘 수는 없다. 또 토끼와 함께 잘 수는 있어도 토끼를 데리고 사냥을 할 수는 없다. 그러므로 강자가 사냥을 할 때인가 혹은 잠을 잘 때 인가를 파악해서 사냥개가 되어야 하는 경우에는 사냥개가 되어야 하고, 토끼가 되어야 하는 경우에는 토끼가 되어야 한다.

 강자는 1인 2역을 하는 사람을 원한다. 그러한 능력을 가지고 있으면서 자기에게 충성을 다하는 사람을 원한다. 강자가 어려울 때 강자의 손과 발이 되어 줄 사람, 강자가 지위상 다른 사람의 이목 때문에 할 수 없는 일을 알아서 척척 해주는 조아와 같은 사람, 그리고 강자가 궁금해 하는 사항을 귀신같이 찾아서 강자의 눈과 귀가 되어 주는 이목과 사람, 그런 사람을 강자는 원한다.

에필로그: 순리대로 사는 것이 최고?

지천명에 이르러 27년이 넘도록 직장 생활을 하면서 절실하게 터득한 깨달음이 하나 있다면 정해진 순리대로 살아야 한다는 것이다. 하늘의 이치와 자연의 섭리에 따라 순리대로 살아야 하는데 그렇지 못했다는 생각을 한다. 조금 편하자고 순리에 어긋나게 행동하고 조금 이익을 보자고 꼼수를 부려서 결국 겪지 않아야 하는 일을 많이 겪었다.

직장 생활을 함에 있어서 순리대로 산다는 것은 조직에서 정해 준 기본과 원칙을 잘 준수하고 자기에게 주어진 역할과 책임을 완수하는 것을 말한다. 그런데 많은 직장인들이 주어진 현실에 충실하기보다는 자기의 이상과 자기 마음에서 정하는 기준과 원칙에 따라서 피동적으로 조직에 순응하는 경향이 많다. 그런 마음은 프로 직장인으로서 가장 경계해야 하는 마음이다. 무릇 프로 직장인이라면 모든 것을 조직의 순리에 따라야 하고 말과 생각과 행동 안에 조직의 빛깔이 담겨 있어야 한다.

순리대로 직장 생활을 하는 직장인들은 조직에서 정한 서열에 순응하고 위계질서를 엄격히 준수한다. 또, 자기보다 높은 서열에 있는 사람을 존경하고 그 사람이 말을 하지 않아도 알아서 모든 것을 스스로 처리한다. 그야말로 충성심이 남다르다. 그렇다. 조직 생활의 처음이자 끝은 충성심에 있다. 충성심이 가득한 사람이 조직의 순리에 순응하는 사람이다.

서열이 높은 사람들은 늘 인재가 없다고 말한다. 마땅히 믿고 맡길 수 있는 사람, 자기 속내를 허심탄회하게 터놓고 말할 사람이 없다고 말한다. 이는 자기 말에 여과 없이 따르고 어렵고 힘든 상황에서도 기꺼이 자기를 위해 헌신적으로 희생할 사람이 없다는 것을 의미한다. 그러므로 당신이 낮은 서열에 있다면 가장 먼저 당신보다 높은 서열에 있는 사람의 마음을 얻는 데 주력해야 한다. 일이 우선이 아니라는 것이다. 물론 일을 잘해서 조직의 성과에 기여하는 것도 중요하지만 더욱 중요한 것은 자기가 섬기는 상사에게 믿음을 주는 것이다. 다소 성과는 더뎌도 자기를 위해서 아낌없이 희생할 수 있는 충성심 높은 부하 직원을 곁에 두기를 원한다. 그런 부하가 되어야 한다. 아울러 당신이 부하를 거느리는 서열 높은 사람이라면 충성스러운 부하를 발굴하고 육성하는 데 주력해야 한다.

아무리 좋은 명마도 백락의 눈에 띄지 않으면 천리마로 성장할 수 없다. 그렇다. 먼저 상사는 부하 직원이 명마라는 것을 아는 백락의 눈을 가져야 한다. 그런 상사가 충성심이 가득한 부하 직원을 얻을 수 있다. 단순히 충성심을 강요하는 상사는 순수한 마음의 발로에서 비롯되는 충성스런 부하 직원을 얻을 수 없다. 특히 요즘처럼 한곳에 오래 머물러서 조직과 단체를 위해서 희생하기보다는 개인을 먼저 생각하는 신세대들을 충성심이 강한 부하로 양성하기 위해서는 그 무엇보다 상사의 지속적인 관심과 정성이 필요하다. 과거처럼 돌격 앞으로 라는 명령을 내리면서 뒤에서 미는 상사는 이제 상사로서 자리를 유지하기 힘든 시대가 됐다. 그래서 어떤 상사는 자기가 부하를 다스리는 것이 아니라 사사건건 참견하는 시어머니를 모시고 있다는 말도 한다.

바야흐로 글로벌 무한 경쟁의 시대다. 사드와 같은 최첨단 무기들이 등장하고 지구 반대편 사람과 언제든 대화를 나눌 수 있는 인터넷 시대다. 이런 시대에 아직도 구태의연하게 서열을 운운하는 것은 어찌 생각하면 시대착오인지도 모른다. 또 글로벌 시대에 뒤떨어진 시대감각을 가진 사람이라고 말할지도 모른다. 하지만 둘 이상이 모이면 늘 서열이 정해지고 모든 자연의 섭리가 약육강식과 적자생존의 먹이사슬에 의해서 조화와 균형을 유지하고 있다는 것을 생각하면 서열을 운운하는 것이 그리 구시대적인 발상은 아니다.

특히 십인십색의 조직원들을 조직이 원하는 방향으로 이끌기 위해서는 서열에 따른 위계질서가 그 어느 때보다 중요한 시점이라고 볼 수 있다. 다양한 생각과 다채로운 재능, 그리고 상황과 자기의 이익에 따라 이해관계를 달리하는 사람들이 만연한 조직원들을 조직에서 원하는 한 방향으로 이끌기 위해서는 어떤 형태로든 짜임새 있는 인사 시스템이 필요하다. 이에 더하여 조직원들이 자기보다 서열이 높은 사람을 믿고 신뢰하며 제반 지침에 순응하고 자기에게 주어진 역할과 책임을 자발적·능동적으로 해결하려고 하는 의욕을 가질 수 있도록 노무 관리가 뒷받침되어야 한다.

'사람은 자연보호 자연은 사람보호'라는 표어 안에서 서열이 높은 사람과 서열이 낮은 사람이 어떻게 공존·번영해야 하는가에 대한 이치를 찾아보기 바란다.

기업교육전문가 김해원 작가

(해원기업교육연구소 대표)